Mirjam Ophüls

Das TOUREN-KOCHBUCH

Meal Prep fürs Wandern, Radfahren, Kanufahren und mehr

riva

Bibliografische Information der Deutschen Nationalbibliothek
Die Deutsche Nationalbibliothek verzeichnet diese Publikation in der Deutschen Nationalbibliografie. Detaillierte bibliografische Daten sind im Internet über http://dnb.d-nb.de abrufbar.

Für Fragen und Anregungen
info@rivaverlag.de

Originalausgabe
1. Auflage 2022

Türkenstraße 89
80799 München
Tel.: 089 651285-0
Fax: 089 652096

Redaktion: Sarah Holzwarth
Umschlaggestaltung: Isabella Dorsch
Umschlagabbildung und Abbildungen Innenteil: Stephanie Just, S. 9: Shutterstock/Oksana Shufrych, S. 11: Shutterstock/NatalyaBond
Layout und Satz: Daniel Förster
Druck: Florjancic Tisk d.o.o., Slowenien
Printed in the EU

ISBN Print 978-3-7423-1997-5
ISBN E-Book (PDF) 978-3-7453-1740-4
ISBN E-Book (EPUB, Mobi) 978-3-7453-1741-1

Wir produzieren nachhaltig
www.m-vg.de

INHALT

EINLEITUNG

Essen ist wichtig – gerade auf Outdoor-Touren, die uns tief in die Natur führen, denn der nächste Supermarkt ist vielleicht einige hundert Kilometer entfernt, und die wenigsten Lieferdienste bieten eine Lieferung per Helikopter in abgelegene Nationalparks an. Die Überlegung und Planung, was wir unterwegs essen wollen, erfordert zusammen mit der Beschaffung der richtigen Ausrüstung, der Planung der Route und der Organisation von An- und Abreise jede Menge Zeit. Es gilt einiges zu klären: Wie viele Tage ist man unterwegs? Wie viel Frühstück, Snacks und Abendessen braucht man, um satt zu werden, konzentriert zu bleiben und Leistung zu erbringen? Wie soll man das alles transportieren? Und lecker sollte es natürlich auch sein, denn gutes Essen sorgt für gute Laune und Zufriedenheit.

Für diese Fragen und Probleme gibt es bereits eine Bandbreite an Lösungen: von Tee und Tütensuppen aus dem Supermarkt bis hin zu praktischen, hochkalorischen und teuren Trekking-Mahlzeiten aus dem Outdoor-Bedarf. Am Ende bleibt jedoch meist, ein Haufen leerer Verpackungen zu entsorgen, und mit den Supermarkt-Gerichten hat man vielleicht zehn Kilo an Körpergewicht verloren.

Dieses Buch stellt dir eine Methode vor, wie du deine eigene Tourenverpflegung herstellen kannst: lecker, abwechslungsreich, nahrhaft, haltbar, leicht und klein verpackbar. Auf diese Weise ist es umweltbewussten Outdoor-Sportler*innen möglich, Einfluss auf die Qualität, Herkunft und Verpackung der Nahrungsmittel zu nehmen. Die Rezepte in diesem Buch ermöglichen es dir, selbst gemachte Trekking-Mahlzeiten in Bio-Qualität regional zuzubereiten und nachhaltig zu verpacken. Daraus ergibt sich sowohl eine ausgewogenere Ernährung auf Tour, ein umweltfreundlicherer Umgang mit der Natur, in der wir so gerne unterwegs sind, und ein wesentlich schöneres Erlebnis bei den Mahlzeiten unterwegs.

Um die Lebensmittel so vorzubereiten und konservieren zu können, dass man sie gut mit auf Tour nehmen kann, sollten sie getrocknet werden. Daher geht es im ersten Kapitel ausführlich um das Dörren von Lebensmitteln, das die Grundlage für die Zubereitung der Mahlzeiten in diesem Buch ist. Das zweite Kapitel stellt einige

Zutaten vor, die sich zusammen mit den gedörrten Nahrungsmitteln gut zur Herstellung von Trekking-Mahlzeiten eignen. Um zu verhindern, dass die fertigen Mahlzeiten während der Lagerung oder beim Transport Schaden nehmen, werden in den Kapiteln drei und vier Tipps und Anregungen zum richtigen Aufbewahren und Verpacken gegeben. Es geht dabei nicht nur darum, dass die Lebensmittel möglichst unbeschadet bleiben, sondern auch darum, sie möglichst nachhaltig und umweltfreundlich zu verpacken.

In Kapitel fünf geht es um die finale Zubereitung der Mahlzeiten unterwegs. Das »Cold Soaking« und das anschließende Kochen werden hier ausführlich behandelt. Kapitel sechs und sieben vermitteln schließlich einen Überblick über geeignete Kochgefäße und Kocher, der als Entscheidungshilfe für die Wahl von Topf, Kochertyp und Brennstoff dienen kann.

Danach geht es endlich ans Zubereiten der Mahlzeiten. Dieses Kochbuch bietet dir die Möglichkeit, die gesamte Verpflegung für deine komplette Tour selbst herzustellen. Vom Frühstück über Snacks und Riegel für die Mittagspause bis hin zum Abendessen enthält dieses Buch eine Vielzahl verschiedener Rezepte für jeden Geschmack.

Ganz zum Schluss gibt es dann noch ein Baukastenmodell, das als Orientierungshilfe und Vorlage für die Ernährungsplanung von Outdoor-Touren dienen kann und verschiedene Essenspläne für unterschiedlich lange Touren vorsieht. So ausgestattet kann es dann endlich losgehen: voller Vorfreude und mit leckerem Essen ins nächste Abenteuer!

DÖRREN

Dörren ist ein simples und praktisches Verfahren, um Nahrungsmittel zu konservieren.

Die Lebensmittel werden dabei für einen längeren Zeitraum wärmeren Temperaturen ausgesetzt. Auf diese Weise wird ihnen die Feuchtigkeit entzogen, und sie werden leichter und kleiner. So schrumpfen 200 g frische Möhren beim Dörren auf 28 g zusammen, und 200 g Zucchini schaffen es sogar, nur noch 13 g zu wiegen. Leicht, klein und lange haltbar – das sind die idealen Voraussetzungen für Trekking-Mahlzeiten. Daher liegt es nahe, mithilfe des Dörrens vielfältige und leckere Mahlzeiten für den Outdoor-Urlaub herzustellen.

Für die Rezepte in diesem Buch habe ich ein einfaches Dörrgerät verwendet, das es schon ab 30 oder 40 Euro zu kaufen gibt. Mit etwas Glück bekommt man so ein gutes Stück auch mal gebraucht noch günstiger oder sogar geschenkt. Preisgünstige Dörrgeräte erreichen eine Temperatur von bis zu 70 °C. Für das Trocknen von Obst und Gemüse ist das völlig ausreichend, denn bei diesen niedrigen Temperaturen bleiben die Mineralien und Vitamine erhalten.

Generell gilt: Je niedriger die Dörrtemperatur, desto mehr Vitamine bleiben erhalten, umso länger ist jedoch auch die Dörrzeit. Der Dörrprozess ist zwar nicht aufwendig, benötigt aber Zeit, daher sollte man mit der Ernährungsplanung nicht erst einen Tag vor der Tour beginnen, sondern – wenn möglich – einige Wochen im Voraus (siehe Seite 90).

Beim Dörren ist es ganz wichtig, dass die Zutaten gleichmäßig und mit etwas Abstand zueinander auf den Gittern verteilt werden, damit die warme Luft zwischen ihnen hindurchströmen kann und alles gleichmäßig getrocknet wird. Die Zutaten, die unten liegen, sind meist schneller gedörrt als die auf den oberen Gittern, da sie näher an der Wärmequelle positioniert sind. Die Dauer des Dörrvorgangs variiert stark, je nachdem, welches Obst oder Gemüse gedörrt wird, wie dick dieses geschnitten ist und auf welcher Temperatur das Dörrgerät läuft. Generell trocknen

Zutaten also schneller, wenn sie kleiner geschnitten sind, weiter unten liegen und das Dörrgerät stärker heizt.

Bei den Rezepten in diesem Buch werden häufig mehrere Obst- und Gemüsesorten und die Sättigungsbeilagen gleichzeitig gedörrt. Wenn du siehst, dass eine Zutat schon fertig gedörrt ist, kannst du diese selbstverständlich aus dem Dörrgerät nehmen, um mehr Platz im Dörrgerät zu schaffen, während andere Lebensmittel noch weiterdörren.

Bei manchen Gemüsesorten wie Wurzelgemüse, Kartoffeln oder auch Brokkoli lohnt es sich, sie nicht roh zu dörren, sondern sie zuerst kurz zu dünsten, bis sie gar sind, und sie dann erst zu dörren. Das hat mehrere Gründe: Die vorgekochten Zutaten verlieren schneller an Feuchtigkeit und werden außerdem schneller wieder weich, wenn sie beim Cold Soaking eingeweicht und anschließend gekocht werden (dazu mehr ab Seite 17).

Auch Sättigungsbeilagen wie Reis und Nudeln sind im Outdoor-Urlaub schneller gar, wenn sie zu Hause vorgekocht und gedörrt werden. Wer seine Mahlzeiten also unterwegs noch schneller fertigkochen und zudem Brennstoff sparen möchte, sollte diese Zutaten zu Hause entsprechend vorbereiten. Außerdem bröseln einige Gemüsesorten wie Brokkoli oder Blumenkohl stark, wenn sie roh gedörrt werden. Dünstet man sie hingegen vor dem Dörren, bleiben sie deutlich kompakter.

Die Rezepte in diesem Kochbuch sind vegetarisch und vegan, bei einigen Rezepten habe ich dennoch auch Varianten mit Fleisch (zum Beispiel mit geräucherter Salami oder Trockenfleisch) angegeben, da viele Outdoor-Sportler*innen nicht auf Fleisch als wertvolle Eiweißquelle verzichten möchten. Wer selber Fleisch dörren will, braucht ein hochwertigeres Dörrgerät, mit dem auch höhere Temperaturen als 70 °C erreicht werden können.

Zum Dörren mit dem Dörrgerät gibt es ein paar Alternativen: Zum einen den Ofen – den ohnehin fast jede*r zu Hause hat und mit dem man gut dörren kann, indem man ihn auf eine sehr niedrige Temperatur einstellt, die Zutaten auf einem Blech oder Rost verteilt und in regelmäßigen Abständen die Ofenklappe öffnet oder ein Stück Holz oder ein feuchtes Tuch in die Öffnung der Ofenklappe klemmt, damit feuchte Luft entweichen kann (es gibt sogar Öfen mit eigener Dörrfunktion). Diese Variante benötigt etwas mehr Betreuung als das Dörrgerät und lässt relativ viel Wärme in die

Küche entweichen, damit ist diese Methode nicht unbedingt für den Hochsommer oder für Menschen, die tagsüber viel unterwegs sind, geeignet.

Eine andere Option, die für den Sommer auch nicht ideal ist, ist das Dörren auf der Heizung, dabei werden die Zutaten auf einem Rost auf die Heizung gelegt und durch die Wärme der Heizung getrocknet.

Ein Dörrgerät kann man sich auch selbst bauen, dazu finden sich verschiedene Anleitungen im Internet. Dafür braucht man etwas Platz im Garten oder auf dem Balkon, da die selbst gebauten Geräte meist mit der natürlichen Energie der Sonne arbeiten und ohne Strom funktionieren. Ökologisch betrachtet, ist dies eine sehr nachhaltige Methode, allerdings ist sie bei kälterem und bewölkterem Wetter schwierig umzusetzen. Der Dörrprozess dauert meist länger als bei einem elektronischen Dörrgerät.

ZUTATEN

Für die Rezepte in diesem Buch werden die meisten Lebensmittel selbst gedörrt, allerdings gibt es einige Zutaten, die bei der Zubereitung von Trekking-Mahlzeiten hilfreich sind, die aber nicht so einfach selbst hergestellt werden können.

Flüssige Nahrungsmittel wie zum Beispiel Milch, Kokosmilch oder passierte Tomaten sind schwierig zu dörren, machen das Essen aber oft wesentlich leckerer und nahrhafter. Glücklicherweise können viele dieser Lebensmittel in pulverisierter Form im Lebensmittelhandel erworben werden. Flüssige und zugleich schwere Nahrungsmittel können also leicht durch Hafermilch- und Milchpulver, Kokosmilchpulver, Tomatenmark oder (noch leichter) Tomatenpulver ersetzt werden. Häufig gibt es diese Pulver auch in Bio-Qualität. Leider sind nicht alle pulverisierten Nahrungsmittel auch plastikfrei verpackt erhältlich.

Bei manchen Nahrungsmitteln, die man selbst dörren kann, ist es (vor allem aus Zeitgründen) durchaus sinnvoll, sich zu überlegen, ob es nicht auch die Variante aus dem Supermarkt sein darf. Das trifft unter anderem auf Gemüsebrühe, Zwiebelpulver und Knoblauchgranulat zu. Wenn man viel Zeit hat, kann man diese Zutaten natürlich auch selbst dörren. Allerdings sollte einem bewusst sein, dass das Dörren von Zwiebeln und Knoblauch etwas geruchsintensiver ist als das Trocknen anderer Obst- und Gemüsesorten. Wenn die Zeit für die Tourenvorbereitung knapp ist, lohnt es sich, auch Pilze und Tomaten in getrockneter Form zu kaufen, um Zeit zu sparen. Gekaufte getrocknete Tomaten unterscheiden sich in Geschmack und Konsistenz zwar etwas von den selbst gedörrten, lassen sich für die Rezepte jedoch genauso gut verwenden. Du kannst also bei jedem Rezept selbst entscheiden, ob du meiner Empfehlung folgst oder lieber die andere Variante wählst.

Schließlich gibt es noch Zutaten, die nicht getrocknet und damit auch nicht ultra light erhältlich sind, bei denen es aber trotzdem sinnvoll sein kann, sie mitzunehmen. Dazu gehören Nahrungsmittel wie Öl, Erdnussbutter und Nussmus. Diese Lebensmittel haben meistens viele Kalorien, Mineralien, Fette und Proteine. Genau diese Eigenschaften und natürlich die Tatsache, dass sie sehr lecker sind, machen sie für ein langes Abenteuer in der Natur äußerst nützlich. Eine kleine Flasche Öl oder eine Dose Erdnussbutter (ob als Zutat für Curry, im Müsli oder um einen Riegel damit zu bestreichen) mitzunehmen, hat sich in der Praxis bewährt und ist bei manchen Rezepten als Option angegeben. Wem diese Zutaten zu schwer sind, der kann sie bei fast allen Rezepten einfach weglassen (einzige Ausnahme: Couscous mit Erdnusssoße auf Seite 57).

LAGERUNG

Neben dem Dörren ist auch die Lagerung der selbst gedörrten Lebensmittel ein wichtiges Thema. Wenn die nächste Tour noch eine Weile hin ist, aber du gerade Zeit zum Dörren hast, ist es kein Problem, schon lange vor der Tour zu dörren, denn generell lassen sich gedörrte Lebensmittel gut lagern und sind für einen langen Zeitraum zuverlässig konserviert. Um sicherzustellen, dass sie nicht schlecht werden, solltest du jedoch Folgendes beachten: Die gedörrten Zutaten nach dem Trocknen zügig luft- und wasserdicht verpacken, sodass sie keinen Schaden durch Feuchtigkeit oder Ungeziefer wie Lebensmittelmotten oder Schimmel nehmen. Zudem sollten sie am besten dunkel gelagert werden, zum Beispiel in Einmachgläsern im Vorratsschrank oder in blickdichten Essensbehältern, denn auch Sonnenlicht kann die Nahrungsmittel und die darin enthaltenen Vitamine beschädigen.

Zwar beschäftigt sich dieses Buch vorrangig mit der Vor- und Zubereitung von Mahlzeiten für Outdoor-Touren, allerdings möchte ich noch erwähnen, dass ein Dörrgerät generell äußerst praktisch für die Vorratshaltung ist und sich zudem eignet, um überschüssige Nahrungsmittel zu konservieren, damit diese nicht unnötig schlecht werden. Auch für alle, die immer wieder stressige Phasen in der Arbeit haben, bietet es sich an, Mahlzeiten vorzukochen, die dann zum Einsatz kommen, wenn die Zeit fürs Kochen fehlt – dadurch erspart man sich die ein oder andere industrielle Fertigmahlzeit. Die getrockneten Früchte, Snacks und Riegel aus diesem Buch sind auch im Alltag eine gesunde und leckere Zwischenmahlzeit.

Die abgebildete Tabelle zeigt den Gewichtsunterschied zwischen frischem Obst und Gemüse und der gedörrten Variante. Dieser kann um einige Gramm variieren, je nachdem, welchen Wasseranteil das Obst oder Gemüse tatsächlich hat. In der letzten Spalte ist angegeben, ob es generell ratsam ist, die jeweilige Gemüsesorte vorzukochen oder vorzudünsten. Ob die Zutaten für die einzelnen Gerichte in diesem Buch vorgekocht werden sollten, ist außerdem jeweils bei den Rezepten angegeben.

Gewichtstabelle Obst und Gemüse

Gemüsesorten	Gewicht frisch	Gewicht gedörrt	Vorkochen/ Dünsten?
Aubergine	200 g	23 g	nein
Blumenkohl	750 g (1 Kopf)	19 g	ja
Brokkoli	200 g (1 kl. Kopf)	21 g	ja
Champignons	200 g	16 g	nein
Kartoffeln	200 g	37 g	ja
Knollensellerie	200 g	21 g	ja
Kräuterseitlinge	200 g	28 g	nein
Kürbis	200 g	16 g	ja
Lauch	200 g	20 g	nein
Möhren	200 g	28 g	ja
Paprikaschoten	200 g	16 g	nein
Rote Bete	200 g	28 g	ja
Staudensellerie	200 g	14 g	nein
Süßkartoffeln	200 g	32 g	ja
Tomaten	200 g	11 g	nein
Zucchini	200 g	13 g	nein
Zwiebeln	200 g	28 g	nein
Obstsorten	**Gewicht frisch**	**Gewicht gedörrt**	**Vorkochen/ Dünsten?**
Äpfel	200 g	34 g	nein
Birnen	200 g	33 g	nein
Kirschen	200 g	31 g	nein
Kiwi	200 g	35 g	nein
Pfirsich	200 g	24 g	nein
Pflaumen	200 g	31 g	nein

VERPACKEN

Irgendwo im Nirgendwo, weit und breit nichts – das Gefühl, du bist die einzige und vielleicht sogar erste Person, die ihren Fuß auf diesen Flecken Erde setzt, und dann ...

... eine alte Müsliriegel-Verpackung! Das Thema Verpackung ist für viele Outdoor-Begeisterte äußerst wichtig. Es geht nicht nur darum, die Nahrungsmittel leicht, klein, wasserdicht, luftdicht und möglichst stabil zu verpacken, sondern auch um die Frage, wie man unterwegs Müll vermeidet. Vor allem in der Natur möchte man so wenig wie möglich davon hinterlassen, aber auch das Rumschleppen von Müll ist etwas lästig.

Das Transportieren von leeren Verpackungen ist nicht nur lästig, es birgt auch das Risiko, dass einem doch mal die Verpackung des Müsliriegels aus der Hand geweht wird und man auf diese Weise ungewollt selbst Müll in der Wildnis verursacht hat. Außerdem fällt am Ende der Tour oft der riesige Berg an Einweg-Verpackungen auf, der sich seit Beginn der Reise angesammelt hat und nun entsorgt werden muss. Nicht selten findet man alte Lagerfeuerstellen in entlegenen Gegenden, auf denen sich die Reste halb verbrannten Plastikmülls finden. Um genau das zu verhindern und den Verpackungsmüll zu minimieren, soll dieses Kapitel einen Überblick über verschiedene Methoden des Verpackens geben, die von etwas nachhaltig bis zu sehr nachhaltig reichen.

Der klassische Zip-Beutel

Jede*r kennt ihn, es gibt ihn im Drogerie- oder Supermarkt zu kaufen. Da er aus Plastik besteht, ist er natürlich nicht die ökologischste Verpackung. Allerdings ist er wasserdicht, luftdicht, leicht und braucht wenig Platz – damit erfüllt er wesentliche Kriterien, die für das Verpacken von Lebensmitteln für eine Tour wichtig sind. Bei pfleglicher Behandlung kann er mehrmals ausgespült, getrocknet und wiederverwendet werden. Damit ist er besser geeignet als so manche Einweg-Verpackung.

Der hochwertige Zip-Beutel

Da der Zip-Beutel sich als zuverlässige Verpackung für verschiedenste Dinge bewährt hat (nicht nur Essen, sondern auch Technik-Ausrüstung oder andere Gegenstände, die trocken bleiben sollen), haben einige Hersteller Zip-Beutel entwickelt, die wesentlich stabiler und haltbarer sind als die Variante aus dem Drogerie- oder Supermarkt. Sie werden häufig aus Silikon hergestellt und sind teilweise sogar spülmaschinenfest. Hier gibt es auch einige Modelle, die explizit für den Transport von Lebensmitteln geeignet sind. Diese Zip-Beutel sind in der Anschaffung zwar nicht ganz so billig wie der klassiche Zip-Beutel, wer jedoch häufiger Touren plant, ist mit dieser Variante langlebiger und nachhaltiger unterwegs und kann die Beutel auch im Alltag gut verwenden.

Wachstücher und Beutel aus Wachstuch

Das Wachstuch hat sich mittlerweile als nachhaltige Alternative zu Frischhaltefolie und Butterbrotpapier etabliert. Gewachste Stoffe sind fett- und wasserabweisend und eignen sich damit hervorragend, um Nahrungsmittel zu verpacken. Sie können abgespült und bei Bedarf nachgewachst werden und sind daher häufig wiederverwendbar. Vor allem Beutel aus gewachstem Stoff eignen sich gut, um die vorbereiteten Mahlzeiten zu transportieren. Zu beachten ist allerdings, dass die Beutel nicht wasserdicht, sondern nur sehr wasserabweisend sind, so kann zum Beispiel durch die Nähte Wasser eindringen. Wer diese Variante wählt und wirklich sicher sein will, dass das Essen sicher verpackt ist, sollte die Beutel zusätzlich in einen wasserdichten Packsack füllen. Diese Verpackung ist allerdings verhältnismäßig schwer, da der gewachste Stoff in dieser Menge kein Leichtgewicht ist.

Stoffbeutel in Kombination mit einem wasserdichten Packsack

Diese Variante kombiniert Beutel aus leichtem, dicht gewebtem Stoff mit einem wasserdichten Packsack. Beides, Stoffbeutel und Packsack, sind häufig wiederverwendbar. Wichtig ist, dass der Stoff der Beutel so dicht ist, dass feine Pulver wie Gewürze nicht hindurch gelangen können. Der wasserdichte Packsack sollte verwendet werden, um die Mahlzeiten vor dem Eindringen von Wasser und feuchter

Luft zu schützen. Wasserdichte Packsäcke gibt es von unterschiedlichen Herstellern in verschiedenen Gewichtsklassen und Größen. Packsäcke sind zudem äußerst nützlich, um wichtige und wertvolle Gegenstände vor Nässe zu schützen, wie zum Beispiel Schlafsäcke, elektronisches Equipment oder Bekleidung.

Papiertüten in Kombination mit einem wasserdichten Packsack

Auch Papiertüten lassen sich zum Verpacken der Mahlzeiten nutzen, sie sind sehr leicht und, wenn sie gut verschlossen werden, zum Beispiel eingerollt und mit einem Gummiband umwickelt, auch sehr staubdicht und vor allem leicht. Allerdings ist Papier nicht die nachhaltigste Variante (es kann nicht abgespült und wiederverwendet werden), es ist nicht wirklich reißfest und ebenfalls nicht wasserdicht. Wer dennoch auf Papier zurückgreift, sollte die Tüten möglichst stoßfest und kompakt verpacken – auch hier bietet sich wieder ein wasserdichter Packsack an, in dem die verschiedenen Mahlzeiten transportiert werden können.

Vakuumieren

Vakuumieren hat viele Vorteile: Die Nahrungsmittel sind luftdicht, wasserdicht, leicht und komprimiert verpackt. Leider findet hier auch wieder Plastik Verwendung. Wer seine Mahlzeiten vakuumiert, sollte daher die Beutel zum Vakuumieren möglichst mehrfach verwenden, um Plastikmüll zu reduzieren.

Dosen und Flaschen

Leichte Dosen und Flaschen aus Edelstahl oder Kunststoff eignen sich, um Gewürze separat zu verpacken oder kleinere Mengen an Flüssigkeiten zu transportieren (wie zum Beispiel Öl). Bei Flüssigkeiten sollte sichergestellt werden, dass die Behälter wirklich auslaufsicher sind. Größere Dosen eignen sich, um Riegel oder etwas empfindlichere Nahrungsmittel sicher zu verpacken. Der Nachteil ist, dass vor allem große Dosen im Rucksack stören können, da sie sperriger und nicht so flexibel wie weiche Verpackungen sind. Sie lassen sich schlechter stopfen und verbrauchen auf diese Weise deutlich mehr Platz.

COLD SOAKING UND KOCHEN

Nachdem die Mahlzeiten fertig gedörrt, gewürzt und verpackt worden sind, kann es endlich auf Tour gehen. Unterwegs gibt es nun noch einige Dinge, die beachtet werden sollten: Bei gedörrtem Essen ist es, ähnlich wie bei Bohnen oder Linsen, sehr wichtig, die Zutaten mittels Cold Soaking aufzuweichen. Auf diese Weise werden die Nahrungsmittel für das anschließende Kochen und den Verzehr vorbereitet. Dabei werden die Nahrungsmittel für vier bis acht Stunden in Wasser eingeweicht. Die gedörrten Zutaten saugen sich mit Wasser voll, werden wieder weich und gewinnen an Volumen. Wenn man zum Beispiel abends um 19 Uhr eine warme Mahlzeit essen möchte, sollten die getrockneten Zutaten zusammen mit den Gewürzen ab 11 Uhr, spätestens gegen 15 Uhr in ein Gefäß mit Wasser gegeben werden und dort bis zum Kochen einweichen.

Das auslaufsichere Gefäß wird dann möglichst stehend im Rucksack transportiert, bis es Zeit zu kochen ist. Das Restwasser, in dem sie gezogen haben, sollte für das anschließende Kochen genutzt werden, da es sich nun mit Gewürzen und anderen Zutaten wie Milchpulver oder Tomatenpulver angereichert hat. Wie lange die Mahlzeiten einweichen müssen, ist beim Rezept jeweils angegeben. Wer sich unsicher ist, beschriftet die Verpackung einfach mit der Einweich- und Kochzeit. Für das Cold Soaking braucht man einen Behälter, der gewisse Kriterien erfüllen sollte: Wichtig ist vor allem, dass das Gefäß leicht und auslaufsicher ist und sich gut befüllen und leeren lässt. Für die Rezepte in diesem Buch sollte das Gefäß mindestens 1½ Liter Fassungsvermögen haben.

Bewährt hat sich eine entsprechend große Edelstahldose mit Dichtungsring. Vorteilhaft an der Dose aus Edelstahl ist, dass sie auch zum Kochen verwendet werden kann. Nur den Deckel sollte man beim Kochen nicht benutzen, da das Gummi des Dichtungsrings durch die Hitze beschädigt werden kann. Diese Variante ist äußerst praktisch, da nur ein Gefäß sowohl für das Cold Soaking als auch zum Kochen verwendet wird, und somit kein Extra-Gepäck anfällt. Natürlich kann man auch direkt aus der Edelstahldose essen.

Ebenfalls geeignet sind Kunststoffflaschen oder Dosen mit großer Öffnung. Fast jede*r hat eine Flasche oder Dose zu Hause, die dafür verwendet werden kann. Vor allem bei Flaschen ist es wichtig, darauf zu achten, dass die Öffnung groß genug ist, um die gedörrten Zutaten problemlos hineinzufüllen und sie auch wieder leeren zu können, nachdem die Zutaten ausreichend gezogen haben, denn diese werden durch das Cold Soaking wieder größer. Eine zu kleine Öffnung könnte dazu führen, dass man die gequollenen Mahlzeiten nicht mehr aus der Flasche herausbekommt.

KOCHGEFÄSSE

Töpfe zum Kochen in der Natur gibt es in verschiedensten Größen, Formen und Preisklassen. Wer einen geeigneten Topf sucht, sieht sich einer riesigen Auswahl verschiedenster Modelle gegenüber. Ein paar grundlegende Informationen können dabei helfen, einen Überblick zu gewinnen und die Entscheidung zu erleichtern.

Für die Zubereitung der Rezepte in diesem Kochbuch sollte ein Topf von mindestens 1 ½ Liter Fassungsvermögen benutzt werden. Wer Soßen und Sättigungsbeilagen lieber getrennt voneinander zubereiten möchte, sollte zwei Töpfe benutzen. Hier bietet es sich an, diese so auszuwählen, dass sie für den Transport ineinandergesteckt werden können, denn das spart Platz. Aus dem gleichen Grund ist es sinnvoll, die Gaskartusche oder den Kocher beim Transport ebenfalls im Topf zu lagern. Generell gilt auch beim Topf: Leicht sollte er sein, denn jedes Gramm zählt.

Auch das Material des Topfes spielt eine wichtige Rolle und sorgt nicht selten für signifikante Preisunterschiede, denn Metall ist nicht gleich Metall. Die meisten Töpfe, die es für den Einsatz draußen zu kaufen gibt, bestehen aus Edelstahl, Aluminium oder Titan. Edelstahl ist sehr stabil, leitet Wärme gut weiter und lässt sich gut säubern. Es ist allerdings relativ schwer im Vergleich zu Aluminium und Titan. Ein weiterer Vorteil von Edelstahl ist, dass man die Töpfe auch direkt ins Feuer stellen kann.

Statt eines Topfes eignet sich auch eine Edelstahldose mit Dichtungsring sowohl für das Cold Soaking als auch zum Kochen und Essen. Nur der Deckel sollte beim Kochen nicht verwendet werden. Stattdessen kann zum Beispiel eine Essschale aus Edelstahl als Deckel benutzt werden, aus der später auch gegessen wird. Ein Topfdeckel ist bei den Rezepten in diesem Buch jedoch nicht unbedingt notwendig, da das Essen während des Kochens meistens ohnehin umgerührt werden muss, damit es nicht anbrennt.

Aluminium ist leichter als Edelstahl und leitet Wärme ebenfalls gut. Es lässt sich allerdings schwerer reinigen und ist nicht ganz so stabil wie Edelstahl. Häufig wird Aluminium hartanodisiert oder mit anderen Materialien beschichtet, damit Essen nicht so schnell darin anbrennt und es sich besser reinigen lässt. Aluminium steht allerdings im Verdacht, einige Krankheiten auszulösen. Auch wenn der Verdacht nicht belegt ist, sollte man bei der Verwendung vorsichtig sein und nicht direkt aus Aluminum-Gefäßen essen.

Ein Titan-Topf ist nicht nur extrem stabil, er ist auch noch superleicht und leitet Wärme gut. Titan ist allerdings erheblich teurer als Edelstahl und Aluminium, weswegen viele Menschen vor dem Kauf zurückschrecken. Titan lohnt sich vor allem für Outdoor-Sportler*innen, die regelmäßig lange Touren machen, bei denen es auf jedes Gramm ankommt.

Eine weitere Variante stellen Töpfe aus Silikon mit Aluminiumboden dar, diese sind häufig faltbar und lassen sich dadurch gut komprimieren. Sie sind allerdings nicht feuerfest und sollten daher nicht direkt ins Feuer gestellt werden.

KOCHER

Bevor es an das Kochen der Mahlzeiten geht, noch ein kleiner Exkurs zum Thema Kocher und damit verbunden auch zum Thema Brennstoffe, denn die Wahl des richtigen Kochers ist noch komplexer als die des Topfes. Neben den persönlichen Vorlieben spielt auch die Verfügbarkeit der jeweiligen Brennstoffe im Reiseland eine große Rolle.

Der einfache Gaskocher

Eine gute Grundausstattung stellt der einfache Gaskocher dar. Er besteht aus einem Aufsatz, der meist klein zusammengefaltet werden kann und zum Kochen auf eine Kartusche gesetzt wird. Da es verschiedene Kartuschen-Typen gibt, sollte man beim Kauf darauf achten, dass die richtige Kartusche für den Kocher gekauft wird. Besonders verbreitet sind Schraub-Kartuschen, die in den meisten europäischen und vielen außereuropäischen Ländern problemlos erhältlich und einfach zu bedienen sind. Der kleine Plastikdeckel auf der Kartusche wird vor dem Kochen abgezogen und der Kocher auf das darunterliegende Gewinde geschraubt. Die Gaszufuhr lässt sich durch einen kleinen Regler am Kocher einfach regulieren. Nach dem Kochen wird die Gaszufuhr ausgestellt, der Kocher kann dann einfach abgedreht und der Deckel zum Schutz des Gewindes wieder aufgesetzt werden.

Stechkartuschen sind seltener und etwas schwieriger in der Handhabe. Es braucht ein wenig Übung, um sie richtig zu verwenden, und der Kocher kann nicht einfach wieder von der Kartusche gelöst werden. Kocher für Stechkartuschen findet man eher selten im Einzelhandel. Wer in ein Gebiet reist, in dem Stechkartuschen verbreitet sind, kann einen Adapter verwenden, um Stechkartuschen zum Kochen mit dem Schraub-Aufsatz zu verwenden.

Bajonett-Kartuschen werden eigentlich nur von dem Hersteller Campingaz verwendet, der Kocher für genau diesen Kartuschen-Typ herstellt, und sind nicht überall erhältlich. Während sie in Frankreich und Spanien sehr verbreitet sind, wird man sie in anderen europäischen Ländern kaum finden.

Für Outdoor-Sportler*innen, die flexibel sein wollen und in vielen Ländern den gleichen Kocher verwenden möchten, empfiehlt es sich, einen Kocher für Schraub-Kartuschen anzuschaffen. Die Kocher-Aufsätze gibt es mittlerweile in extrem leichten und kleinen Ausführungen, sodass manche Modelle zusammengefaltet problemlos in die Hosentasche passen.

Der Standkocher

Gaskocher gibt es auch als Standkocher. Bei dieser Variante wird der Kocher nicht als Aufsatz auf die Kartusche geschraubt, sondern mit einem Schlauch, der das Gas in den Kocher leitet, an die Kartusche angeschlossen. Der Kocher wird durch drei ausklappbare Füße stabilisiert und steht auf dem Boden. Obwohl diese Variante etwas schwerer und sperriger ist als der einfache Aufsatz, hat sie auch einige Vorteile zu bieten: Da der Kocher direkt auf dem Boden und nicht auf der Kartusche steht, kann er stabiler positioniert werden und bietet auch größeren Töpfen sicheren Stand. Außerdem kann die Gaskartusche bei dieser Konstruktion auf den Kopf gedreht werden, sodass selbst der letzte Rest Gas verbrannt werden kann. Die Gaskartusche kann zudem dichter neben der Flamme des Kochers positioniert werden, um das Gas vorzuwärmen, damit es effektiver verbrennt.

Der Systemkocher

Eine weitere Form des Gaskochers ist der Systemkocher. Systemkocher bestehen aus einem Kocher-Aufsatz und einem dazugehörigen Topf. Diese Töpfe haben meistens einen integrierten Wärmetauscher und sind so designed, dass sie in den Kocher-Aufsatz eingerastet werden und sich auf diese Weise stabil mit diesem verbinden lassen. Durch dieses Prinzip wird die Flamme des Kochers vor Wind geschützt und die Hitze schnell weitergeleitet. Der Vorteil dieser Kocher liegt in ihrer Effizienz und Schnelligkeit beim Kochen. Schwierig wird es allerdings, wenn andere Töpfe benutzt werden sollen, da es sich bei Systemkochern oft um ein adaptives System handelt und für die Verwendung von anderen Töpfen meistens ein Adapter benutzt werden muss. Außerdem eignet sich dieser Kocher-Typ nicht besonders gut für das Kochen größerer Mengen fester Nahrung, da diese schneller anbrennen. Er ist am besten für das Kochen von Flüssigkeiten geeignet, das allerdings gelingt ihm in rasantem Tempo.

Gas- oder Benzinkocher?

Generell spricht für das Kochen mit Gas, dass es sehr sauber und leise verbrennt, es hinterlässt kaum Rückstände, sodass die Kocher keiner besonderen Pflege bedürfen. Auch lässt sich die Gaszufuhr sehr gut über den am Kocher angebrachten Regler steuern. Beim Kochen mit Gas sollte man allerdings beachten, dass die normalen Gasmischungen bei kalten Temperaturen nicht mehr gut brennen. Wer also in kalten Regionen unterwegs ist, sollte auf spezielle Wintergas-Mischungen (bis etwa -22 °C brennbar) zurückgreifen.

Gas ist allerdings nicht überall auf der Welt erhältlich, wer nach Zentralasien oder in die Anden reist, sollte sich nicht darauf verlassen, dort problemlos an Gas zu kommen. In Gegenden wie diesen sollte eher auf Benzin gesetzt werden, denn dieser Brennstoff ist wesentlich verbreiteter als Gas und auch in den entlegensten Gegenden erhältlich. Benzin brennt auch bei wesentlich kälteren Temperaturen als -22 °C zuverlässiger als Gas. Es lässt sich in spezielle Sicherheitsflaschen abfüllen und so als Brennstoff für Kocher verwenden. Benzin-Kocher sind in der Regel als Standkocher konzipiert. Zu beachten ist, dass Benzin beim Verbrennen wesentlich lauter ist als Gas und auch mehr Rückstände verursacht. Benzin-Kocher benötigen somit deutlich mehr Pflege als Gaskocher. Wer einen Benzin-Kocher nutzen möchte, sollte sich darüber im Klaren sein, dass häufig ein bisschen Bastelei nötig ist, um den Kocher instand zu halten, da er gereinigt werden muss und einige Teile von Zeit zu Zeit ausgetauscht werden sollten.

Wer die Option haben möchte, sowohl Gas als auch Benzin zum Kochen verwenden zu können, sollte über einen Mehrstoff-Kocher (häufig wird der englische Begriff Multifuel verwendet) nachdenken. Diese Modelle verbrennen nicht nur Gas und Benzin, sondern auch Kerosin, Petroleum und Diesel. Damit sind sie vielfältig einsetzbar, und selbst an den abgeschiedensten Orten dieser Welt wird irgendeiner dieser Brennstoffe aufzutreiben sein. Auch diese Variante wird meistens in Form eines Standkochers verkauft.

Der Sturmkocher

Als Letztes ist noch der Sturmkocher der Firma Trangia zu nennen. Er gilt als Klassiker unter den Kochern und wird üblicherweise mit Spiritus betrieben, kann alternativ aber mit einem Adapter auch mit Gas verwendet werden. Die Konstruktion besteht aus einer umgedrehten Schale mit mehreren kleinen Löchern in den Außenwänden und einem größeren Loch in der Mitte. Unter diesem Loch wird der Behälter mit dem Spiritus platziert, der durch die Schale effektiv vor Wind geschützt wird. Auf die umgedrehte Schale wird eine weitere eingerastet, diese jedoch mit der Öffnung nach oben. In diese Schale können dann die dazugehörigen Töpfe zum Kochen gestellt werden. Ersatzteile und Zubehör, wie zum Beispiel Töpfe, Pfannen und Kessel in unterschiedlichen Größen und aus verschiedenen Materialien, werden in den meisten Outdoor-Fachgeschäften verkauft und lassen sich problemlos beschaffen. Sturmkocher sind sehr robust, sie haben einen stabilen Stand und sind gut vor Wind geschützt, sodass Kochen selbst bei widrigsten Bedingungen noch funktioniert. Sie eignen sich auch zum Kochen von größeren Mengen. Allerdings sind sie durch ihre Konstruktion recht sperrig und nehmen verhältnismäßig viel Platz im Rucksack ein, auch ihr Gewicht ist nicht so vorteilhaft wie das vieler anderer Kocher, und das Regulieren der Hitze ist deutlich komplizierter als es bei Gas-, Mehrstoff- und Benzin-Kochern der Fall ist.

Grundsätzlich bleibt zu sagen, dass es den einzig wahren Kocher nicht gibt. Welches Modell das Richtige für dich ist, hängt ganz von deinen Vorlieben und dem Einsatzbereich, für den er verwendet werden soll, ab.

REZEPTE

FRÜHSTÜCK

Das Frühstück ist wichtigste Mahlzeit, um morgens überhaupt aus dem Schlafsack und auf die Beine zu kommen. Ob bei prasselndem Regen im Zelt oder während des Sonnenaufgangs auf einem Felsvorsprung, das Frühstück liefert zuverlässige Energie für die bevorstehende Tour. Die Erfahrung zeigt, dass wir unterwegs meistens etwas mehr frühstücken als zu Hause im Alltag. Kein Wunder, denn die sportliche Belastung ist wesentlich höher, wenn wir mit schwerem Gepäck wandern, paddeln oder in die Pedale treten. Bei der Arbeit und im Alltag sitzen und stehen wir meistens doch mehr, sodass der Energie-Grundumsatz geringer ist. Damit das Frühstück nicht langweilig wird, kommen hier ein paar Rezepte für ein abwechslungsreiches Frühstück unterwegs.

Der beste Tipp, um jedes Frühstück aufzupeppen: Gibt es in der Region, in der die Tour stattfindet, essbare Früchte? In Nordskandinavien zum Beispiel kann man bis September Blaubeeren finden, die das erste Essen am Tag noch leckerer machen.

SCHOKO-NUSS-MÜSLI

FÜR 4 GROSSE PORTIONEN
PRO PORTION ETWA 250 G

Nährwerte pro Portion (bei insgesamt 4 Portionen)
Kilokalorien: 1209,5 kcal | Kohlenhydrate: 112,2 g | Eiweiß: 33,6 g | Fett: 66,8 g

Zeitbedarf:

20 Minuten
10 Minuten backen

Zutaten:

100 g Haselnüsse
100 g Cashewkerne
100 g Walnüsse
200 g Schokolade (je nach Geschmack Zartbitter-, Vollmilch- oder weiße Schokolade)
500 g kernige Haferflocken
8 EL Milchpulver (nach Belieben, alternativ Hafermilchpulver)

Vor der Tour:

1. Backofen auf 200 °C (180 °C Umluft) vorheizen, ein Backblech mit Backpapier oder wiederverwendbarer Backfolie auslegen und die Haselnüsse, Cashewkerne und Walnüsse gleichmäßig darauf verteilen. Im Ofen etwa 10 Minuten rösten, zwischendurch einmal wenden. Die Nüsse anschließend abkühlen lassen.

2. In der Zwischenzeit die Schokolade in kleine Stückchen hacken und mit den Haferflocken in einer großen Schüssel vermischen. Die Nüsse in ein sauberes Geschirrtuch legen und etwas aneinanderreiben, damit sich die Haut der Haselnüsse löst. Zusammen mit dem Milchpulver (nach Belieben) zur Haferflocken-Schokoladenmischung geben und alles gründlich durchmischen.

Die Mischung für die Tour vorportionieren:

Dafür je 250 g Müslimischung abwiegen und separat verpacken. Luft- und wasserdicht verschließen.

Unterwegs:

Die Portion in eine Schale geben und mit heißem oder kaltem Wasser aufgießen, ein paar Minuten quellen lassen, und fertig ist das Müsli.

TIPP

Das Milchpulver (oder Hafermilchpulver) gibt der Müslimischung einen noch volleren Geschmack. Beim Hinzufügen des Wassers nochmal gut verühren, damit sich das Pulver gut löst.

FRÜCHTE-MÜSLI MIT KERNEN

FÜR 4 GROSSE PORTIONEN
PRO PORTION ETWA 244 G

Nährwerte pro Portion (bei insgesamt 4 Portionen)
Kilokalorien: 917,1 kcal | Kohlenhydrate: 118,7 g | Eiweiß: 30,4 g | Fett: 30,3 g

Zeitbedarf:

20 Minuten
20–40 Stunden dörren

Zutaten:

200 g Äpfel (etwa 2 Äpfel)
200 g Birnen (etwa 1–2 Birnen)
200 g Pfirsiche (etwa 2 Pfirsiche)
200 g Kiwis (etwa 2–3 Kiwis)
500 g kernige Haferflocken
100 g Leinsamen
50 g Kürbiskerne
50 g Sonnenblumenkerne
100 g Rosinen
8 EL Milchpulver (nach Belieben, alternativ Hafermilchpulver)

Vor der Tour:

1. Äpfel, Birnen und Pfirsiche waschen, vierteln, entkernen und in kleine Stücke schneiden. Kiwis schälen und ebenfalls in kleine Stücke schneiden. Alles auf den Gittern des Dörrgeräts verteilen und so lange dörren, bis die Früchte vollkommen getrocknet sind.
2. Nachdem die Zutaten fertig gedörrt sind, Haferflocken, Leinsamen, Kürbiskerne, Sonnenblumenkerne, Rosinen, Milchpulver (nach Belieben) und die gedörrten Früchte in einer großen Schüssel gründlich miteinander vermischen. Anschließend in 4 Portionen aufteilen und separat verpacken.

Unterwegs:

Die Portion in das gewünschte Essgefäß geben und mit heißem oder kaltem Wasser aufgießen, gut umrühren, damit sich das Milchpulver löst, und ein paar Minuten quellen lassen, dann ist das Müsli bereit zum Verzehr.

TIPP

Die Früchte können variiert werden, je nachdem, welche Früchte gerade Saison haben: So bieten sich im Sommer Nektarinen, Pfirsiche oder Kirschen an, im Herbst können gut Kakis oder Pflaumen verwendet werden.

APFEL-ZIMT-KNUSPERMÜSLI

FÜR 4 GROSSE PORTIONEN
PRO PORTION ETWA 250 G

Nährwerte pro Portion (bei insgesamt 4 Portionen)
Kilokalorien: 1284,3 kcal | Kohlenhydrate: 139,6 g | Eiweiß: 24,2 g | Fett: 67,0 g

Zeitbedarf:

20 Minuten
15–20 Minuten backen
12–24 Stunden dörren

Zutaten:

400 g Äpfel (etwa 4 Äpfel)
150 g Walnüsse
500 g kernige Haferflocken
150 ml Kokosöl
150 ml Ahornsirup (alternativ Honig oder Agavendicksaft)
1 ½ TL Zimt
½ TL Salz
100 g Rosinen
8 EL Milchpulver (nach Belieben)

TIPP

Das Knuspermüsli hält sich nicht so lange wie die anderen Müsli-Mischungen und sollte innerhalb von 2–3 Wochen verbraucht werden.

Vor der Tour:

1. Äpfel waschen, vierteln, Kerngehäuse entfernen und die Äpfel in kleine Stücke schneiden. Im Dörrgerät einige Stunden dörren, bis sie vollständig getrocknet sind. Den Backofen auf 200 °C (180 °C Umluft) vorheizen. Zwei Backbleche mit Backpapier oder -folie auslegen.

2. Die Walnüsse grob hacken, mit den Haferflocken und den getrockneten Äpfeln gründlich vermischen. Kokosöl in einem Topf bei niedriger Hitze schmelzen. Ahornsirup, Zimt und Salz hinzufügen und verrühren, bis eine homogene Masse entsteht. Langsam über die Haferflocken-Mischung kippen, dabei immer wieder umrühren und darauf achten, dass die gesamte Haferflocken-Mischung mit der Flüssigkeit benetzt ist.

3. Die Mischung gleichmäßig auf die Bleche verteilen. Im Backofen insgesamt 15–18 Minuten backen, dabei alle 5 Minuten einmal durchrühren, sodass das Müsli gleichmäßig gebacken wird. Während der Backzeit immer wieder einen Blick in den Ofen werfen, damit das Knuspermüsli nicht zu dunkel wird. Wenn nur ein Blech zum Backen vorhanden ist, kann die Mischung entweder in zwei Schüben oder auf einem Blech gebacken werden, dabei verlängert sich die Backzeit jedoch auf 20–25 Minuten.

4. Das Müsli aus dem Ofen nehmen und die Rosinen dazugeben. Die Mischung abkühlen lassen und in vier Portionen aufteilen, nach Belieben 2 EL Milchpulver pro Portion hinzugeben. Luft- und wasserdicht verpacken.

Unterwegs:

Das Müsli in eine Schale geben und mit Wasser übergießen, sodass es nicht ganz bedeckt ist. Gut umrühren, damit sich das Milchpulver löst, und direkt verzehren.

CHIAPUDDING MIT NÜSSEN UND BEEREN

FÜR 4 PORTIONEN
PRO PORTION ETWA 200 G

Nährwerte pro Portion (bei insgesamt 4 Portionen)
Kilokalorien: 656,3 kcal | Kohlenhydrate: 43,8 g | Eiweiß: 22,6 g | Fett: 39,1 g

Zeitbedarf:

10 Minuten
10 Minuten backen
12–24 Stunden dörren

Zutaten:

100 g Blaubeeren
100 g Kirschen
100 g Nüsse oder Kerne (z. B. Haselnüsse, Walnüsse oder Cashewkerne)
300 g Chiasamen
2 EL Zucker
50 g getr. Cranberrys
50 g Rosinen
3 EL Milchpulver (alternativ Hafermilchpulver)

Vor der Tour:

1. Blaubeeren und Kirschen waschen, Kirschen entsteinen und beides im Dörrgerät dörren, bis keine Feuchtigkeit mehr enthalten ist. Nüsse im Ofen bei 200 °C (180 °C Umluft) etwa 10 Minuten rösten, abkühlen lassen und grob mahlen.

2. Nüsse, Chiasamen, Zucker, Blaubeeren, Kirschen, Cranberrys, Rosinen und Milchpulver sorgfältig vermischen und in vier Portionen aufteilen. Die Portionen in die gewünschten Verpackungen geben, luft- und wasserdicht verschließen.

Unterwegs:

Die Mischung am Vorabend des Frühstücks in einen Behälter geben (eine Dose, einen Topf oder eine Schale). Mit Wasser übergießen, sodass die Mischung knapp bedeckt ist, gründlich umrühren, damit sich das Milchpulver lösen kann, und zugedeckt über Nacht quellen lassen. Am nächsten Tag zum Frühstück genießen. Der Chiapudding kann vor dem Frühstück auch aufgewärmt und warm gegessen werden.

FRÜHSTÜCKSCOUSCOUS

FÜR 4 PORTIONEN
PRO PORTION ETWA 165G

Nährwerte pro Portion (bei insgesamt 4 Portionen)
Kilokalorien: 739,7 kcal | Kohlenhydrate: 100,7g | Eiweiß: 19,5g | Fett: 25,7g

Zeitbedarf:

25 Minuten
10 Minuten backen
12–40 Stunden dörren

Zutaten:

200g Cherrytomaten
100g Karotten
100g weißer Sesam
100g Cashewkerne
400g Couscous
100g getr. Datteln
1 EL Gemüsebrühe
1 Prise Pfeffer
½ TL Kurkuma
1 Prise Zimt

Vor der Tour:

1. Cherrytomaten waschen, halbieren und im Dörrgerät verteilen. Die Karotten waschen und reiben, ebenfalls im Dörrgerät verteilen. Wenn die Gitter sehr grob sind, eventuell Backpapier oder -folie unterlegen. Beides dörren, bis das Gemüse komplett getrocknet ist.
2. Sesam und Cashewkerne auf einem mit Backpapier oder -folie ausgelegten Backblech verteilen und bei etwa 200°C (180°C Umluft) im Ofen 5–10 Minuten rösten, dabei aufpassen, dass der Sesam nicht zu dunkel wird.
3. Couscous, gedörrtes Gemüse, Sesam, Cashewkerne, Datteln, Brühe und Gewürze in einer großen Schüssel sorgfältig vermischen und in vier Portionen aufteilen. Die Portionen in die gewünschten Verpackungen füllen. Luft- und wasserdicht verschließen.

Unterwegs:

Am Tag des Verzehrs die Couscous-Mischung in das gewünschte Essgefäß geben und mit heißem Wasser übergießen, sodass die Mischung knapp mit Wasser bedeckt ist. Etwa 15 Minuten ziehen lassen, dann ist das Gericht verzehrfertig.

FRÜHSTÜCKS-BANNOCKS

FÜR 1 PORTION (2 BANNOCKS)
GRUNDREZEPT ETWA 170 G

Nährwerte pro Portion (bei insgesamt 1 Portion)
Kilokalorien: 696,7 kcal | Kohlenhydrate: 93,4 g | Eiweiß: 12,6 g | Fett: 28,6 g

MOHN-CRANBERRY-BANNOCKS ETWA 240 G

Nährwerte pro Portion (bei insgesamt 1 Portion)
Kilokalorien: 845,0 kcal | Kohlenhydrate: 116,6 g | Eiweiß: 15,8 g | Fett: 33,2 g
zzgl. Marmelade (47,3 kcal | 11,6 g Kohlenhydrate)
und/oder Erdnussbutter (127,4 kcal | 3,0 g Kohlenhydrate | 5,0 g Eiweiß | 10,2 g Fett)

TOMATEN-BANNOCKS MIT PARMESAN UND KÜRBISKERNEN ETWA 270 G

Nährwerte pro Portion (bei insgesamt 1 Portion)
Kilokalorien: 1071,1 kcal | Kohlenhydrate: 1208,5 g | Eiweiß: 32,6 g | Fett: 48,5 g

Zeitbedarf:

10 Minuten
15 Minuten kneten und braten (unterwegs)

Zutaten (Grundrezept):

125 g Weizenmehl
1 gestr. TL Backpulver
1 Prise Salz
5 g veganer Ei-Ersatz (aus dem Bio-Supermarkt oder Drogeriemarkt) oder Vollei-Pulver (aus dem Outdoor-Laden)
30 ml Bratöl oder Butter zum Anbraten

Vor der Tour:

Mehl, Backpulver, Salz und Eipulver gründlich vermischen. Die Mischung in eine geeignete Verpackung füllen und luft- und wasserdicht verschließen. Das Öl separat verpacken.

Unterwegs:

Die Mischung in eine Schale geben. Nach und nach wenig Wasser zu der Mischung geben und sorgfältig verkneten. Der Teig benötigt nur etwa 30–40 ml Wasser. Aus dem Teig 2 Kugeln formen und diese mit den Händen zu etwa 1 cm dicken Fladen drücken. Das Öl in der Pfanne erhitzen und die Fladen darin nacheinander von beiden Seiten goldbraun braten.

Variante 1: Mohn-Cranberry-Bannocks mit Konfitüre oder Erdnussbutter

Der Mischung vor dem Verpacken 2 EL Mohn und 30 g getrocknete, gehackte Cranberrys hinzufügen. Etwa 20 g Konfitüre (z. B. Beeren- oder Aprikosenkonfitüre) und/oder Erdnussbutter separat verpacken. Nach dem Anbraten dünn mit Konfitüre und/oder Erdnussbutter bestreichen.

Variante 2: Tomaten-Bannocks mit Parmesan und Kürbiskernen

30 g getrocknete Tomaten fein hacken und zusammen mit 20 g gedörrtem/getrocknetem Parmesan und 20 g Kürbiskernen vor dem Verpacken zum Grundrezept hinzugeben.

TIPP

Für dieses Rezept sollte eine Pfanne verwendet werden, es geht zwar auch ein flacher Topf, aber eine Pfanne ist deutlich praktischer. Die Bannocks sind sehr sättigend, wer zu viel gemacht hat, kann die Bannocks einfach aufbewahren und zwischendurch als Pausenbrot essen.

Forsthaus
Greifenstein
Steinberg
210

HAUPTSPEISEN

Hauptmahlzeiten werden auf Touren meistens abends gegessen, wenn das Lager aufgebaut ist, du es dir nach einem anstregenden Tag gemütlich gemacht hast und dein Körper langsam runterfährt. Gerade in kühleren Bergregionen sind warme, nahrhafte Mahlzeiten gut für Körper und Seele. Zusammen mit dem Frühstück sind sie die wichtigsten Mahlzeiten auf der Tour, da sie die beiden größten Energielieferanten bilden.

GEMÜSEBRÜHE

ERGIBT 200 G BRÜHE

Nährwerte pro Portion (bei insgesamt 20 Portionen = je 1 Esslöffel)
Kilokalorien: 12,2 kcal | Kohlenhydrate: 1,7 g | Eiweiß: 0,6 g | Fett: 0,1 g

Zeitbedarf:

40 Minuten
12–24 Stunden dörren

Zutaten:

200 g Lauch
200 g Zwiebeln
150 g Knollensellerie
250 g Möhren
½ Bund Petersilie
½ Bund Liebstöckel (nach Belieben)
100 g feines Salz

Zubereitung:

1. Lauch, Zwiebeln, Knollensellerie und Möhren waschen, putzen und in etwa ½ bis 1 cm große Würfel schneiden. Knollensellerie in Salzwasser 10 Minuten vorkochen oder dünsten, damit er etwas weicher wird, abkühlen lassen.
2. Gemüse, Petersilie und nach Belieben Liebstöckel im Dörrgerät dörren, bis Gemüse und Kräuter sämtliche Feuchtigkeit verloren haben. Anschließend sorgfältig zerkleinern (entweder mit einem Mixer, einem Pürierstab oder einer elektrischen Kaffeemühle).
3. Nun das Salz hinzufügen und alles gründlich vermischen. Die Brühe in die gewünschte Verpackung füllen und luft- und wasserdicht verpacken.

TIPP

Diese Gemüsebrühe kommt in vielen Hautgerichten als wichtige Zutat vor. Selbstverständlich kann auch auf gekaufte Instantbrühe zurückgegriffen werden.

Die Brühe kann unterwegs auch mit heißem Wasser aufgegossen und getrunken werden.

KARTOFFELEINTOPF

FÜR 2 PERSONEN

DIE TROCKENMISCHUNG WIEGT ETWA 200 G.

Nährwerte pro Portion (bei insgesamt 2 Portionen)
Kilokalorien: 390,5 kcal | Kohlenhydrate: 76,6 g | Eiweiß: 10,3 g | Fett: 1,7 g

Zeitbedarf:

40–50 Minuten
12–48 Stunden dörren
5–10 Minuten kochen (unterwegs)

Zutaten:

200 g Rote Bete (1 kleine Knolle)
200 g Süßkartoffeln
400 g festkochende Kartoffeln
200 g Weißkohl
100 g Zwiebeln (etwa 1 Zwiebel)
2 EL Gemüsebrühe
½ TL Pfeffer
1 TL Rosmarin
1 Prise Muskatnuss
150 g Trockensalami (nach Belieben)

Vor der Tour:

1. Rote Bete schälen, vierteln und in Scheiben schneiden, etwa 10 Minuten in Salzwasser kochen, bis sie gar ist, abkühlen lassen. Süßkartoffeln und Kartoffeln waschen, schälen und in dünne Scheiben schneiden. Beides etwa 25 Minuten in Salzwasser kochen oder dünsten. Kohl putzen, vierteln und den harten Strunk keilförmig herausschneiden. Kohlblätter in schmale Streifen schneiden. Zwiebel schälen, vierteln und in feine Streifen schneiden.

2. Das Gemüse im Dörrgerät verteilen und dörren, bis es vollständig getrocknet ist. Die gedörrten Zutaten in die gewünschte Verpackung füllen. Brühe, Pfeffer, Rosmarin und Muskatnuss dazugeben. Alles luft- und wasserdicht verpacken.

Unterwegs:

Die getrocknete Mahlzeit mindestens 4 Stunden vor dem Verzehr in den Cold-Soaking-Behälter geben. Wasser hinzufügen, bis die Mischung knapp bedeckt ist. Den Behälter gut verschließen und einige Stunden ziehen lassen. Anschließend in das gewünschte Kochgefäß füllen, etwas Wasser hinzugeben und aufkochen lassen. Zu diesem Eintopf passt Trockensalami, die in Scheiben geschnitten dazugegeben werden kann.

BOHNEN-KARTOFFEL-SUPPE MIT GEMÜSE

FÜR 2 PERSONEN
DIE TROCKENMISCHUNG WIEGT ETWA 287 G.

Nährwerte pro Portion (bei insgesamt 2 Portionen)
Kilokalorien: 522,9 kcal | Kohlenhydrate: 70,4 g | Eiweiß: 11,3 g | Fett: 26,9 g

Zeitbedarf:

30–40 Minuten
12–48 Stunden dörren
5–10 Minuten kochen (unterwegs)

Zutaten:

1 Glas weiße Bohnen (Abtropfgewicht 250 g)
200 g Möhren
300 g festkochende Kartoffeln
200 g Staudensellerie
½ Bund Petersilie
60 g Kokosmilchpulver (aus dem Asialaden)
2 EL Gemüsebrühe
1 Prise Pfeffer
1 Prise Muskatnuss
½ TL Knoblauchgranulat
½ TL Majoran

Vor der Tour:

1. Bohnen durch ein Sieb abgießen und mit Wasser abspülen. Möhren putzen, waschen und in ½ cm dicke Scheiben schneiden, etwa 10 Minuten in Salzwasser vorkochen oder dünsten, bis sie weich sind. Kartoffeln ebenfalls waschen und etwa 25 Minuten in Salzwasser gar kochen, anschließend pellen und in 1 cm dicke Scheiben schneiden. Staudensellerie putzen, waschen, entfädeln und in schmale Scheiben schneiden. Petersilie waschen, trocken schütteln und grob hacken. Bohnen, Möhren, Kartoffeln, Staudensellerie und Petersilie im Dörrgerät dörren, bis sie vollständig getrocknet sind. Die Bohnen brechen dabei auf.

2. Die getrockneten Kartoffeln und Bohnen fein zerkleinern (entweder mit einem Pürierstab, einem Küchenmixer oder einer elektrischen Getreidemühle) und in die gewünschte Verpackung geben. Möhren, Staudensellerie, Petersilie, Kokosmilchpulver, Brühe, Pfeffer, Muskat, Knoblauchgranulat und Majoran dazugeben. Die Verpackung luft- und wasserdicht verschließen.

Unterwegs:

Die Mischung mindestens 4 Stunden vor dem Verzehr in den Cold-Soaking-Behälter geben und mit Wasser übergießen, sodass die Mischung etwa 1 cm bedeckt ist. Verschließen und 4–8 Stunden ziehen lassen. Die Mischung unmittelbar vor dem Verzehr in ein Kochgefäß geben und unter Rühren aufkochen, bei Bedarf während des Kochens noch etwas Wasser hinzugeben.

LINSENEINTOPF MIT KARTOFFELN UND KÜRBIS

FÜR 2 PERSONEN

DIE TROCKENMISCHUNG WIEGT ETWA 400 G.

Nährwerte pro Portion (bei insgesamt 2 Portionen)

Kilokalorien: 690,0 kcal | Kohlenhydrate: 116,5 g | Eiweiß: 40,0 g | Fett: 2,9 g

Zeitbedarf:

30–40 Minuten

12–48 Stunden dörren

15–25 Minuten kochen (unterwegs)

Zutaten:

300 g festkochende Kartoffeln

200 g Hokkaido-Kürbis

100 g Möhren (etwa 2 kleine Möhren)

100 g Zwiebeln (etwa 1 Zwiebel)

250 g rote Linsen

1 TL Rosmarin

1 TL Salz

½ TL Knoblauchgranulat

1 Prise Cayennepfeffer

1 Prise Chilipulver

1 EL Gemüsebrühe

2 EL Tomatenpulver (aus dem Onlineshop für Feinkost und Gewürze)

150 g Trockensalami oder -fleisch (nach Belieben)

Vor der Tour:

1. Kartoffeln waschen, schälen, halbieren und in etwa ½ cm dicke Scheiben schneiden. In Salzwasser etwa 20 Minuten bissfest kochen. Kürbis waschen und den Strunk abschneiden. Kürbis halbieren, die Kerne mit einem Löffel entfernen, danach den Kürbis in etwa 1 cm große Würfel schneiden. Möhren putzen, waschen und in dünne Scheiben schneiden. Möhren und Kürbis zusammen in Salzwasser etwa 10 Minuten bissfest kochen oder dünsten. Zwiebel schälen, vierteln und in schmale Streifen schneiden.

2. Kartoffeln, Kürbis, Möhren und Zwiebel im Dörrgerät dörren, bis sie sämtliche Flüssigkeit verloren haben. Anschließend in die gewünschte Verpackung geben. Linsen, Rosmarin, Salz, Knoblauchgranulat, Cayennepfeffer, Chili, Gemüsebrühe und Tomatenpulver hinzufügen. Die Verpackung wasser- und luftdicht verschließen. Nach Belieben Trockensalami oder -fleisch separat verpacken.

Unterwegs:

Die Mischung mindestens 4 Stunden vor dem Verzehr in das Cold-Soaking-Gefäß geben, mit Wasser übergießen, sodass die Mischung etwa 2 cm mit Wasser bedeckt ist. Vor dem Verschließen noch einmal umrühren, damit sich das Wasser gut verteilen kann. Die Mischung anschließend im Kochgefäß erhitzen und unter stetigem Rühren etwa 15–25 Minuten köcheln lassen. Nach Belieben noch etwas Trockensalami oder -fleisch in kleine Scheiben schneiden, dazugeben und sofort genießen.

KARTOFFELPÜREE MIT PILZEN UND RÖSTZWIEBELN

FÜR 2 PERSONEN
DIE TROCKENMISCHUNG WIEGT ETWA 300 G.

Nährwerte pro Portion (bei insgesamt 2 Portionen)
Kilokalorien: 644,5 kcal | Kohlenhydrate: 82,0 g | Eiweiß: 22,2 g | Fett: 20,2 g

Zeitbedarf:

30–40 Minuten
12–24 Stunden dörren
10 Minuten kochen (unterwegs)

Zutaten:

700 g mehligkochende Kartoffeln
100 g Zwiebeln (etwa 1 Zwiebel, alternativ 1 TL Zwiebelgranulat)
50 g getr. Steinpilze
4 EL Milchpulver (alternativ Hafermilchpulver)
1 EL Gemüsebrühe
½ TL Knoblauchgranulat
1 Prise Muskatnuss
50 g Röstzwiebeln
30 ml Kürbiskernöl (nach Belieben)

Vor der Tour:

1. Kartoffeln waschen, in Salzwasser etwa 25 Minuten kochen, anschließend pellen und in kleine Stücke schneiden. Zwiebel schälen und ebenfalls in kleine Stücke schneiden. Kartoffeln und Zwiebel im Dörrgerät dörren, bis beides vollständig getrocknet ist. Anschließend fein mahlen (entweder mit einem Pürierstab, einem Mixer oder einer elektrischen Getreide- oder Kaffeemühle).

2. Die getrockneten Steinpilze möglichst klein hacken. Kartoffeln, Zwiebeln, Steinpilze, Milchpulver, Gemüsebrühe, Knoblauchgranulat und Muskatnuss in die Verpackung geben. Luft- und wasserdicht verschließen. Die Röstzwiebeln können zwar mit in die Verpackung, es schmeckt aber besser, wenn sie separat verpackt werden und erst unmittelbar vor dem Essen über das Püree gestreut werden. Das Kürbiskernöl separat verpacken.

Unterwegs:

Die Mischung in das Cold-Soaking-Gefäß geben und mit Wasser bedecken, gründlich umrühren, damit sich das Pulver gut löst und das Wasser gut verteilt ist. Die Mischung sollte knapp mit Wasser bedeckt sein. Etwa 30 Minuten ziehen lassen. Dieses Gericht benötigt nur eine kurze Ziehzeit, da die Kartoffeln durch das Vorkochen und Mahlen sehr schnell quellen. Vor dem Verzehr aufkochen, dabei stetig umrühren, damit das Püree nicht anbrennt, bei Bedarf noch etwas Wasser hinzufügen. Vor dem Servieren mit Röstzwiebeln bestreuen und nach Belieben das Kürbiskernöl darübergeben.

KARTOFFEL-SOJAHACK-TOPF

FÜR 2 PERSONEN
DIE TROCKENMISCHUNG WIEGT ETWA 200 G.

Nährwerte pro Portion (bei insgesamt 2 Portionen)
Kilokalorien: 399,2 kcal | Kohlenhydrate: 51,6 g | Eiweiß: 21,9 g | Fett: 8,6 g

Zeitbedarf:

30 Minuten
1 Stunde ziehen
12–24 Stunden dörren
5–10 Minuten kochen (unterwegs)

Zutaten:

- 100 g Zwiebeln (etwa 1 Zwiebel)
- 500 g festkochende Kartoffeln
- ½ Bund Petersilie
- 40 g Tomatenmark
- 2 EL Sojasoße
- 1 EL Worcestersoße
- ½ TL Liquid Smoke (aus dem gut sortierten Asialaden oder Bio-Supermarkt)
- 1 TL edelsüßes Paprikapulver
- 1 TL Gemüsebrühe
- 70 g getr. Sojagranulat
- 1 TL Salz
- 1 TL Rosmarin
- ½ TL gem. Pfeffer
- 1 TL Schwarzkümmel

Vor der Tour:

1. Zwiebel schälen, vierteln und in Streifen schneiden. Kartoffeln waschen, schälen, vierteln und in dünne Scheiben schneiden. Etwa 20 Minuten in Salzwasser vorkochen, bis die Kartoffeln gar sind. Petersilie grob hacken. Tomatenmark, Sojasoße, Worcestersoße, Liquid Smoke, Paprikapulver und Gemüsebrühe zu einer Marinade verrühren, etwa 200 ml Wasser hinzufügen. Sojagranulat in eine Schale geben und mit der Marinade gründlich verrühren. Mindestens 1 Stunde ziehen lassen.

2. Zwiebel, Kartoffeln und Petersilie im Dörrgerät verteilen. Zwei Gitter des Dörrgeräts mit Backpapier oder -folie auslegen, das Sojagranulat gleichmäßig darauf verteilen und alles zusammen dörren, bis es vollständig getrocknet ist. Anschließend alle gedörrten Zutaten zusammen mit Salz, Rosmarin, Pfeffer und Schwarzkümmel in die gewünschte Transportverpackung geben und luft- und wasserdicht verschließen.

Unterwegs:

Die Mischung etwa 4 Stunden vor dem Verzehr in den Cold-Soaking-Behälter geben, Wasser hinzufügen, sodass die Mischung komplett bedeckt ist, gründlich umrühren, verschließen und ziehen lassen. Die Mischung im gewünschten Kochgefäß erhitzen, dabei stetig umrühren, damit das Essen nicht anbrennt, bei Bedarf noch etwas Wasser hinzugeben. Etwa 5 Minuten köcheln lassen, fertig!

TIPP

Eine Handvoll Nuss-Oliven-Mix (Seite 74) über die Mischung geben.

VEGANES GULASCH

FÜR 2 PERSONEN

DIE TROCKENMISCHUNG WIEGT ETWA 380 G.

Nährwerte pro Portion (bei insgesamt 2 Portionen)
Kilokalorien: 613,2 kcal | Kohlenhydrate: 81,9 g | Eiweiß: 32,5 g | Fett: 13,0 g

Zeitbedarf:

30–40 Minuten
4 Stunden ziehen
12–24 Stunden dörren
10 Minuten kochen (unterwegs)

Zutaten:

20 g Tomatenmark
2 EL Sojasoße
1 TL Worcestersoße
1 EL Balsamico-Essig
1 TL Senf
1 TL Agavendicksaft
je 1 TL edelsüßes und rosenscharfes Paprikapulver
½ TL Liquid Smoke (aus dem gut sortierten Asialaden oder Bio-Supermarkt)
½ TL Pfeffer
80 g trockene Sojaschnetzel oder -chunks
250 g Nudeln nach Wahl
100 g Zwiebeln (etwa 1 Zwiebel)
200 g rote Paprikaschote (etwa 1 Paprikaschote)
1 TL Gemüsebrühe
je ½ TL Thymian und Majoran
1 TL Knoblauchgranulat
½ TL gem. Piment
1 EL Tomatenpulver (aus dem Onlineshop für Feinkost und Gewürze

Vor der Tour:

1. Tomatenmark, Sojasoße, Worcestersoße, Balsamico, Senf, Agavendicksaft, edelsüßes und rosenscharfes Paprikapulver, Liquid Smoke und Pfeffer zu einer Marinade verrühren, mit etwa 150 ml Wasser aufgießen. Die Sojaschnetzel in eine Schale geben und die Marinade darübergießen. Die Sojaschnetzel in der Marinade zugedeckt etwa 4 Stunden ziehen lassen, ab und zu umrühren, damit sich die Marinade gleichmäßig verteilt.

2. Nudeln nach Packungsanweisung kochen, abgießen und abkühlen lassen. Zwiebel schälen und in kleine Würfel schneiden. Paprikaschote waschen, vierteln, entkernen und in etwa 1 cm große Stücke schneiden. Das Gemüse zusammen mit den Nudeln im Dörrgerät verteilen. Ein bis zwei Gitter des Dörrgeräts mit Backpapier oder -folie auslegen, die marinierten Sojaschnetzel darauf verteilen. Alles dörren, bis sämtliche Flüssigkeit entwichen ist.

3. Die gedörrten Zutaten anschließend in die gewünschte Verpackung geben. Gemüsebrühe, Thymian, Majoran, Knoblauchgranulat, Piment und Tomatenpulver hinzugeben. Die Verpackung luft- und wasserdicht verschließen.

Unterwegs:

Die Mischung in den Cold-Soaking-Behälter geben, mit Wasser übergießen, sodass die Mischung etwa 2 Finger breit bedeckt ist. Die Mischung gründlich durchrühren, damit sich das Tomatenpulver auflöst. Den Behälter verschließen und das Gulasch mindestens 4 Stunden ziehen lassen. Anschließend in einem Topf kurz aufkochen und etwa 5 Minuten köcheln lassen, dabei stetig umrühren, damit es nicht anbrennt. Falls das Gulasch zu dickflüssig ist, etwas Wasser dazugeben.

VEGETARISCHE BOLOGNESE

FÜR 2 PERSONEN

DIE TROCKENMISCHUNG WIEGT ETWA 400 G.

Nährwerte pro Portion (bei insgesamt 2 Portionen)

Kilokalorien: 570,0 kcal | Kohlenhydrate: 63,8 g | Eiweiß: 34,7 g | Fett: 16,3 g

Zeitbedarf:

40 Minuten
1 Stunde ziehen
12–24 Stunden dörren
5–10 Minuten kochen (unterwegs)

Zutaten:

- 100 g Möhren
- 100 g Zwiebeln (etwa 1 Zwiebel)
- 70 g getr. Sojagranulat
- 40 g Tomatenmark
- 20 ml Sojasoße
- ½ TL Liquid Smoke (aus dem gut sortierten Asialaden oder Bio-Supermarkt)
- ½ TL Worcestersoße
- 1 EL Gemüsebrühe
- 1 TL edelsüßes Paprikapulver
- 1 TL getr. Thymian
- 1 TL getr. Oregano
- 1 TL Senf
- 1 TL Agavendicksaft
- 200 g Nudeln nach Wahl
- 2 EL Tomatenpulver (aus dem Onlineshop für Feinkost und Gewürze)
- 40 g geriebener Parmesan (nach Belieben)

Vor der Tour:

1. Möhren waschen, putzen und grob raspeln. Zwiebel schälen und in Würfel schneiden. Sojagranulat in eine Schüssel geben. Tomatenmark, Sojasoße, Liquid Smoke, Worcestersoße, Gemüsebrühe, Paprikapulver, Thymian, Oregano, Senf, Agavendicksaft und 50 ml Wasser in einer kleinen Schale gründlich vermischen und zum Sojagranulat geben. Alles sorgfältig verrühren, damit das komplette Granulat mit der Marinade getränkt wird. Etwa 1 Stunde ziehen lassen, dabei hin und wieder umrühren.

2. Während das Sojagranulat zieht, die Nudeln nach Packungsanweisung bissfest kochen und abgießen. Zwiebel und Nudeln im Dörrgerät verteilen. Zwei bis drei Gitter des Dörrgeräts mit Backpapier oder -folie auslegen und die Möhrenraspel sowie das marinierte Sojagranulat gleichmäßig darauf ausbreiten. Alles zusammen dörren, bis es vollständig getrocknet ist.

3. Das gedörrte Sojagranulat, Möhren, Zwiebeln, Tomatenpulver und Nudeln in die gewünschte Verpackung geben und luft- und wasserdicht verpacken. Nach Belieben den Parmesan separat verpacken.

Unterwegs:

Die Mischung in den Cold-Soaking-Behälter geben, mit Wasser übergießen, bis die Mischung knapp mit Wasser bedeckt ist, und mindestens 4 Stunden ziehen lassen. Anschließend im gewünschten Kochgefäß aufkochen und etwa 5–10 Minuten kochen, bei Bedarf etwas Wasser hinzugeben, damit das Gericht nicht anbrennt. Nach Belieben mit Parmesan bestreuen.

TIPP

Als eine vegane Alternative zum Parmesan einfach 20 g Hefeflocken und 20 g gemahlene Cashewkernen vermischen.

PASTA MIT BROKKOLI-PILZ-SOSSE

FÜR 2 PERSONEN

DIE TROCKENMISCHUNG WIEGT ETWA 460 G.

Nährwerte pro Portion (bei insgesamt 2 Portionen)
Kilokalorien: 806,2 kcal | Kohlenhydrate: 79,3 g | Eiweiß: 38,3 g | Fett: 33,4 g

Zeitbedarf:

30 Minuten
12–24 Stunden dörren
5–10 Minuten kochen (unterwegs)

Zutaten:

100 g Zwiebeln (etwa 1 Zwiebel)
200–300 g Brokkoli (1 kleiner Kopf)
200 g Champignons
250 g Nudeln nach Wahl
80 g gem. Haselnüsse
3 EL Milchpulver (oder Hafermilchpulver)
1 EL Hefeflocken
½ TL Salz
½ TL Senfpulver
½ TL Pfeffer
1 Prise Muskatnuss
40 g geriebener Parmesan (nach Belieben)

Vor der Tour:

1. Zwiebel schälen und in kleine Würfel schneiden. Brokkoli putzen, Strunk entfernen und in kleine Röschen schneiden. Etwa 5 Minuten in Salzwasser kochen. Champignons putzen und in kleine Würfel schneiden. Zwiebeln, Brokkoli und Champignons im Dörrgerät dörren, bis sie vollständig getrocknet sind.

2. Nudeln nach Packungsanweisung bissfest kochen, abgießen, ebenfalls im Dörrgerät dörren, bis sie getrocknet sind (die Nudeln können auch nicht vorgekocht mitgenommen werden, sollten dann aber nicht mit den anderen Zutaten ziehen, sondern separat gekocht werden). Anschließend die gedörrten Zutaten zusammen mit Haselnüssen, Milchpulver, Hefeflocken und Gewürzen in die gewünschte Transportverpackung geben und luft- und wasserdicht verschließen. Nach Belieben den Parmesan separat verpacken.

Unterwegs:

Die Mischung etwa 4 Stunden vor dem Verzehr in den Cold-Soaking-Behälter geben, Wasser hinzufügen, bis die Mischung etwa 1 cm hoch bedeckt ist. Gründlich umrühren, damit sich Milchpulver und Gewürze gut im Wasser auflösen, anschließend verschließen und ziehen lassen. Die Mischung im Kochgefäß aufkochen und 5–10 Minuten köcheln lassen, nach Belieben Parmesan darüberstreuen.

POLENTA MIT PILZEN UND PARMESAN

FÜR 2 PERSONEN
DIE TROCKENMISCHUNG WIEGT ETWA 280 G.

Nährwerte pro Portion (bei insgesamt 2 Portionen)
Kilokalorien: 456,8 kcal | Kohlenhydrate: 67,5 g | Eiweiß: 21,3 g | Fett: 8,0 g

Zeitbedarf:

10 Minuten
12–20 Stunden dörren
5–10 Minuten kochen (unterwegs)

Zutaten:

2 Lauchzwiebeln
1 Stiel frischer Salbei
30 g getr. Steinpilze
50 g geriebener Parmesan
150 g Polenta
1 EL Milchpulver
½ TL Knoblauchgranulat
1 TL Salz
½ TL Pfeffer
etwas geräucherter Speck oder anderes haltbares Fleisch (nach Belieben)

Vor der Tour:

Lauchzwiebeln putzen und in schmale Scheiben schneiden. Salbei waschen, trocken schütteln, Blätter abzupfen und fein hacken. Beides im Dörrgerät trocknen lassen. Die getrockneten Steinpilze in möglichst kleine Stücke schneiden. Den Parmesan auf einem mit Backpapier oder -folie ausgelegten Dörrgitter verteilen und dörren, bis er merklich hart wird. (Parmesan glänzt beim Dörren wegen seines Fettgehalts, wenn er sich sehr verhärtet, ist das ein Zeichen, dass er fertig gedörrt ist.) Polenta, Lauchzwiebeln, Salbei, Steinpilze, Parmesan, Milchpulver, Knoblauchgranulat, Salz und Pfeffer in die gewünschte Verpackung geben und luft- und wasserdicht verschließen.

Unterwegs:

Die Mischung in den Cold-Soaking-Behälter geben und mit etwa ½ l Wasser übergießen. Gründlich umrühren, damit sich das Milchpulver gut auflöst. Alles mindestens 1 Stunde ziehen lassen (länger ist kein Problem). Anschließend in das gewünschte Kochgefäß geben, unter ständigem Rühren erhitzen und etwa 5 Minuten kochen. Bei Bedarf etwas Wasser dazugeben, falls der Brei zu dickflüssig ist oder anbrennt. Nach Belieben etwas geräucherten Speck oder anderes würziges Trockenfleisch klein schneiden und kurz vor dem Kochen hinzugeben.

TIPP

Anstelle der getrockneten Pilze 250 g frische Steinpilze putzen, würfeln und dörren. Das Knoblauchgranulat kann nach Belieben durch eine Knoblauchzehe ersetzt werden, die geschält, in kleine Würfel geschnitten und ebenfalls gedörrt wird. Beides mit den übrigen Zutaten gut verpacken.

RISOTTO MIT WALDPILZEN

FÜR 2 PERSONEN

DIE TROCKENMISCHUNG WIEGT ETWA 330 G.

Nährwerte pro Portion (bei insgesamt 2 Portionen)
Kilokalorien: 469,8 kcal | Kohlenhydrate: 90,6 g | Eiweiß: 15,2 g | Fett: 1,9 g

Zeitbedarf:

50 Minuten
24–48 Stunden dörren
10 Minuten kochen (unterwegs)

Zutaten:

200 g Risottoreis
½ TL Salz
2 EL Weißweinessig
2 Lauchzwiebeln
1 Stiel frischer Salbei
25 g getr. Pfifferlinge
20 g getr. Steinpilze
1 EL Gemüsebrühe
½ TL Pfeffer
40 g geriebener Parmesan (nach Belieben)

Vor der Tour:

1. Etwa ½ l Wasser zum Kochen bringen, Risottoreis und Salz hinzugeben und 20–30 Minuten bei mittlerer Hitze zugedeckt köcheln lassen, bis der Reis gar und breiig ist, bei Bedarf noch etwas Wasser hinzufügen. Kurz vor Ende der Garzeit den Weißweinessig unterrühren. Den Reis vom Herd nehmen und abkühlen lassen. Einige Gitter des Dörrgeräts mit Backpapier oder -folie auslegen und den abgekühlten Reis gleichmäßig dünn darauf verteilen. Den Reis dörren, bis er sämtliche Feuchtigkeit verloren hat.

2. Lauchzwiebeln putzen und in Ringe schneiden. Salbei waschen, trocken schütteln, Blätter abzupfen und fein hacken. Zusammen mit den Lauchzwiebeln dörren. Reis nach dem Dörren etwas auflockern und in die gewünschte Verpackung geben, Lauch und Salbei hinzufügen. Pilze klein hacken und zusammen mit der Brühe und dem Pfeffer in die Verpackung geben. Luft- und wasserdicht verschließen. Nach Belieben den Parmesan separat verpacken.

Unterwegs:

Die Reismischung in den Cold-Soaking-Behälter geben und so viel Wasser hinzufügen, dass die Mischung fingerbreit bedeckt ist. Gut umrühren, damit sich das Wasser gleichmäßig verteilt, gut verschließen und mindestens 4 Stunden ziehen lassen. Anschließend in einem Topf unter Rühren erhitzen, bei Bedarf noch etwas Wasser hinzugeben. Etwa 10 Minuten köcheln lassen, bis der Reis wieder komplett weich ist. Vor dem Servieren nach Belieben mit Parmesan bestreuen.

ROTES CURRY MIT BLUMENKOHL UND BROKKOLI

FÜR 2 PERSONEN

DIE TROCKENMISCHUNG WIEGT ETWA 440 G.

Nährwerte pro Portion (bei insgesamt 2 Portionen)
Kilokalorien: 822,1 kcal | Kohlenhydrate: 105,3 g | Eiweiß: 37,9 g | Fett: 23,2 g

Zeitbedarf:

40 Minuten
20–48 Stunden dörren
10 Minuten kochen (unterwegs)

Zutaten:

400 g Blumenkohl (etwa 1 kleiner Kopf)
400 g Brokkoli (etwa 1 kleiner Kopf)
100 g Zwiebeln (etwa 1 Zwiebel, alternativ ½ TL Zwiebelgranulat)
2–3 Stiele frischer Koriander (alternativ 1 EL getr. Koriander)
200 g Reis
1 Dose Kichererbsen (Abtropfgewicht 220 g)
60 g Kokosmilchpulver (aus dem Asialaden)
1 TL Schwarzkümmel
1 Prise Salz
1 Prise Pfeffer
1 EL Tandoori-Masala-Gewürzmischung (aus dem Asialaden)
½ TL rosenscharfes Paprikapulver
½ TL Knoblauchgranulat

Vor der Tour:

1. Blumenkohl waschen und putzen, Blätter entfernen und den ganzen Kopf in Salzwasser etwa 10 Minuten kochen oder dünsten, bis er gar ist. Danach den Strunk entfernen und die Röschen in etwa 1 cm dicke Scheiben schneiden. Brokkoli putzen, Strunk entfernen, in kleine Röschen schneiden und in Salzwasser gar kochen oder dünsten. Zwiebel schälen, vierteln und in Streifen schneiden. Koriander grob hacken. Blumenkohl, Brokkoli, Zwiebel und Koriander im Dörrgerät dörren, bis sie vollständig getrocknet sind.
2. Reis nach Packungsanweisung gar kochen. Die Gitter des Dörrgeräts mit Backpapier auslegen und den Reis gleichmäßig und möglichst dünn darauf verteilen, ebenfalls dörren, bis keine Feuchtigkeit mehr vorhanden ist. Kichererbsen in ein Sieb abgießen und abwaschen. Im Dörrgerät vollständig dörren.
3. Die gedörrten Zutaten zusammen mit Kokosmilchpulver, Schwarzkümmel, Salz, Pfeffer, Currypulver, Paprikapulver und Knoblauchgranulat in die gewünschte Verpackung geben, luft- und wasserdicht verschließen.

Unterwegs:

Die Mischung in den Cold-Soaking-Behälter geben und mit Wasser bedecken. Mindestens 4 Stunden ziehen lassen. Anschließend die Mischung in das Kochgefäß geben und 5–10 Minuten kochen, dabei stetig umrühren, bei Bedarf noch etwas Wasser hinzugeben.

COUSCOUS MIT ERDNUSSSOSSE

FÜR 2 PERSONEN
DIE TROCKENMISCHUNG WIEGT ETWA 420 G.

Nährwerte pro Portion (bei insgesamt 2 Portionen)
Kilokalorien: 877,8 kcal | Kohlenhydrate: 112,2 g | Eiweiß: 31,9 g | Fett: 28,1 g

Zeitbedarf:

20 Minuten
12–24 Stunden dörren
10–15 Minuten kochen (unterwegs)

Zutaten:

- 400 g rote Paprikaschoten (etwa 2 Stück)
- 300–400 g Brokkoli (etwa 1 kleiner Kopf)
- 200 g Zucchini
- 250 g Couscous
- 60 g Kokosmilchpulver (aus dem Asialaden)
- 1 TL scharfes Currypulver (z. B. Hot Madras)
- ½ TL Pfeffer
- ½ TL edelsüßes Paprikapulver
- 1 ½ EL Erdnussbutter
- 40 ml Sojasoße

Vor der Tour:

1. Paprikaschoten waschen, Kerne und Strunk entfernen und in kleine Stücke schneiden. Brokkoli waschen, Stiel entfernen, in kleine Röschen brechen und etwa 5 Minuten in Salzwasser vorkochen oder dünsten. Zucchini waschen und in etwa 5 mm dicke Scheiben schneiden. Paprika, Brokkoli und Zucchini im Dörrgerät verteilen und dörren, bis die Zutaten sämtliche Feuchtigkeit verloren haben.
2. Das gedörrte Gemüse und den Couscous zusammen mit dem Kokosmilchpulver, Currypulver, Pfeffer und Paprikapulver in die gewünschte Verpackung geben. Sojasoße in eine kleine Flasche füllen, Erdnussbutter in eine Dose füllen.

Unterwegs:

Die Trockenmischung mindestens 4 Stunden vor dem Verzehr in den Cold-Soaking-Behälter geben, Wasser hinzugeben, sodass die Mischung knapp mit Wasser bedeckt ist. Gründlich umrühren oder den verschlossenen Behälter schütteln, damit sich das Kokosmilchpulver gut lösen kann. Die Mischung ziehen lassen und anschließend in das Kochgefäß geben. Unter stetigem Rühren aufkochen lassen, bei Bedarf Wasser hinzufügen. Etwa 10 Minuten kochen. Währenddessen Sojasoße und Erdnussbutter unterrühren.

TIPP

Dieses Rezept ist etwas luxuriöser. Da Erdnussbutter und Sojasoße separat verpackt mitgenommen werden, eignet es sich vor allem für Wochenendtouren, bei denen nicht jedes Gramm zählt. Wer ohnehin eine größere Portion Erdnussbutter dabei hat, muss natürlich hier nichts extra abfüllen.

GELBES CURRY MIT KÜRBIS UND SÜSSKARTOFFEL

FÜR 2 PERSONEN
DIE TROCKENMISCHUNG WIEGT ETWA 400 G.

Nährwerte pro Portion (bei insgesamt 2 Portionen)
Kilokalorien: 764,3 kcal | Kohlenhydrate: 121,5 g | Eiweiß: 16,0 g | Fett: 22,8 g

Zeitbedarf:

30–40 Minuten
12–24 Stunden dörren
10 Minuten kochen (unterwegs)

Zutaten:

200 g Hokkaido-Kürbis
200 g Süßkartoffeln
100 g Zwiebeln (etwa 1 Zwiebel)
1 Stängel Petersilie
1 Stängel Koriander
200 g Reisnudeln
60 g Kokosmilchpulver (aus dem Aisaladen)
1 geh. TL scharfes Currypulver (z. B. Hot Madras)
½ TL Knoblauchgranulat
½ TL Salz
½ TL Ingwerpulver
1 Prise Zimt
1 Prise Pfeffer

Vor der Tour:

1. Kürbis waschen, Strunk und Kerne entfernen und in etwa 1 cm große Würfel schneiden. Etwa 10 Minuten dünsten oder in Salzwasser gar kochen. Süßkartoffeln schälen, längs halbieren und in etwa ½ cm dicke Scheiben schneiden, ebenfalls etwa 10 Minuten dünsten oder in Salzwasser gar kochen. Zwiebel schälen, vierteln und in Streifen schneiden. Kürbis, Süßkartoffeln, Zwiebel, Petersilie und Koriander im Dörrgerät dörren, bis sie vollständig getrocknet sind. Petersilie und Koriander nach dem Dörren grob zerbröseln. Die Nudeln nach Belieben in kleinere Stückchen brechen, da sie sonst sehr viel Platz brauchen.

2. Das gedörrte Gemüse und die gedörrten Kräuter mit den restlichen Zutaten in die gewünschte Transportverpackung geben und luft- und wasserdicht verschließen.

Unterwegs:

Die fertige Currymischung mindestens 4 Stunden vor Verzehr in den Cold-Soaking-Behälter geben und mit Wasser aufgießen, dabei umrühren, damit sich das Kokosmilchpluver gut lösen kann, die Mischung sollte etwa 1 cm mit Wasser bedeckt sein. Anschließend die Mischung aufkochen und etwa 5–10 Minuten köcheln lassen.

CV270
230 g
MELANGE BUTANE - PROPANE

379
Försterdenk.
Höfeler
395
Deister
Forsthaus
Greifenstein
200
Steinberg

GLASNUDELSUPPE MIT GEMÜSE

FÜR 2 PERSONEN

DIE TROCKENMISCHUNG WIEGT ETWA 350 G.

Nährwerte pro Portion (bei insgesamt 2 Portionen)
Kilokalorien: 717,4 kcal | Kohlenhydrate: 113,7 g | Eiweiß: 11,6 g | Fett: 21,3 g

Zeitbedarf:

20 Minuten
12–24 Stunden dörren
10 Minuten kochen (unterwegs)

Zutaten:

200 g Zucchini
2 Lauchzwiebeln
1 Bund frischer Koriander
50 g getr. Shiitake-Pilze (aus dem gut sortierten Asialaden)
60 g Kokosmilchpulver (aus dem Asialaden)
1 EL Gemüsebrühe
1 TL Tandoori-Masala-Gewürzmischung (aus dem Asialaden)
½ TL Knoblauchgranulat
½ TL Ingwerpulver
200 g Glasnudeln

Vor der Tour:

1. Zucchini waschen, der Länge nach vierteln und in etwa 1 cm dicke Würfel schneiden. Lauchzwiebeln waschen und in schmale Ringe schneiden. Koriander waschen, trocken schütteln und grob hacken. Zucchini, Lauchzwiebeln und Koriander im Dörrgerät dörren, bis alle Zutaten komplett getrocknet sind. Die Shiitake-Pilze in kleine Würfel schneiden.

2. Alle Zutaten bis auf die Glasnudeln in die Transportverpackung geben und luft- und wasserdicht verschließen. Die Glasnudeln separat verpacken.

Unterwegs:

Die Mischung mindestens 4 Stunden vor dem Verzehr in den Cold-Soaking-Behälter geben, mit Wasser übergießen, bis die Mischung etwa 2 cm hoch bedeckt ist, den Behälter verschließen, kurz schütteln und die Suppe ziehen lassen. Anschließend die Mischung in das Kochgefäß geben, unter Rühren aufkochen und etwa 5 Minuten kochen lassen, bis die Suppe vollständig erhitzt ist. Sollte die Suppe zu dickflüssig sein, etwas Wasser hinzugeben. Die Glasnudeln etwa 1 Minute vor Ende der Kochzeit in die Suppe geben und kurz mitkochen.

GEMÜSE-COUSCOUS

FÜR 2 PERSONEN
DIE TROCKENMISCHUNG WIEGT ETWA 400 G.

Nährwerte pro Portion (bei insgesamt 2 Portionen)
Kilokalorien: 920,5 kcal | Kohlenhydrate: 122,3 g | Eiweiß: 22,9 g | Fett: 32,8 g

Zeitbedarf:

50 Minuten
12–24 Stunden dörren
5–10 Minuten kochen (unterwegs)

Zutaten:

200 g Rote Bete (1 kleine Knolle)
300 g Tomaten
100 g Zwiebeln (etwa 1 Zwiebel)
1 Glas Kichererbsen (Abtropfgewicht 220 g)
1 Glas eingelegte schwarze Oliven (ohne Stein, Abtropfgewicht 160 g)
250 g Couscous
1 EL Gemüsebrühe
1 TL getr. Rosmarin
1 TL getr. Thymian
½ TL Knoblauchgranulat
½ TL Pfeffer

Vor der Tour:

1. Rote Bete schälen, vierteln und in feine Scheiben schneiden, etwa 10 Minuten in Salzwasser kochen oder dünsten bis sie gar ist. Abkühlen lassen. Tomaten waschen, Strunk entfernen, vierteln und in Scheiben schneiden. Zwiebel schälen und in kleine Würfel schneiden.
2. Kichererbsen in ein Sieb abgießen und mit Wasser abspülen, Oliven ebenfalls abgießen.
3. Rote Bete, Tomaten, Zwiebel, Kichererbsen und Oliven im Dörrgerät dörren, bis sie vollständig getrocknet sind.
4. Die gedörrten Zutaten zusammen mit Couscous, Gemüsebrühe, Rosmarin, Thymian, Knoblauchgranulat und Pfeffer in die gewünschte Verpackung geben und luft- und wasserdicht verschließen.

Unterwegs:

Die Mischung mindestens 4 Stunden vor Verzehr in den Cold-Soaking-Behälter geben, Wasser hinzufügen, bis die Mischung gut 1 cm damit bedeckt ist. Gut umrühren und den Behälter verschließen. Nach der Ziehzeit die Mischung in das Kochgefäß geben und etwa 5 Minuten erhitzen, dabei stetig umrühren und bei Bedarf noch etwas Wasser hinzugeben, damit die Mischung nicht anbrennt.

RATATOUILLE

FÜR 2 PERSONEN

DIE TROCKENMISCHUNG WIEGT ETWA 350 G.

Nährwerte pro Portion (bei insgesamt 2 Portionen)
Kilokalorien: 610,9 kcal | Kohlenhydrate: 112,4 g | Eiweiß: 26,6 g | Fett: 3,0 g

Zeitbedarf:

50 Minuten
20–40 Stunden dörren
5–10 Minuten kochen (unterwegs)

Zutaten:

250 g Aubergine
100 g Zwiebeln (etwa 1 Zwiebel)
je 200 g grüne und rote Paprikaschote (je etwa 1 Stück)
250 g Zucchini
250 g Reis
2 EL Tomatenpulver (aus dem Onlineshop für Feinkost und Gewürze)
1 TL Salz
½ TL Pfeffer
½ TL Rosmarin
½ TL Oregano
½ TL Thymian

Vor der Tour:

1. Aubergine waschen und in etwa 5 mm große Würfel schneiden. Anschließend ein Küchenbrett mit etwas Salz bestreuen, die Auberginenwürfel so darauf verteilen, dass sie nebeneinander auf dem Salz liegen, auch von oben mit etwas Salz bestreuen und etwa 30 Minuten ruhen lassen. Anschließend mit einem sauberen Küchentuch von beiden Seiten sorgfältig das ausgetretene Wasser abtupfen.

2. In der Zwischenzeit Zwiebel schälen, halbieren und in schmale Streifen schneiden. Die beiden Paprikaschoten waschen, Strunk und Kerne entfernen und in etwa 1 cm große Würfel schneiden. Zucchini waschen, längs vierteln und in etwa 5 mm dicke Scheiben schneiden.

3. Reis nach Packungsangabe kochen und gut abkühlen lassen. Drei Gitter des Dörrgeräts mit Backpapier auslegen, den Reis gleichmäßig darauf verteilen. Zwiebel, Paprika, Zucchini und Aubergine ebenfalls im Dörrgerät verteilen und alles dörren, bis es vollständig getrocknet ist.

4. Reis und Gemüse mit den restlichen Zutaten in die gewünschte Verpackung geben und luft- und wasserdicht verschließen.

Unterwegs:

Die Mischung mindestens 4 Stunden vor dem Verzehr in den Cold-Soaking-Behälter geben und Wasser hinzufügen, bis die Mischung etwa 2 cm hoch bedeckt ist. Den Behälter verschließen und noch einmal kräftig schütteln, damit sich die Flüssigkeit gut verteilen kann. Die Mischung nach der Ziehzeit im Topf erhitzen und etwa 5–10 Minuten köcheln lassen, bei Bedarf noch etwas Wasser hinzugeben, damit das Essen nicht anbrennt.

NACHTISCH

Egal, ob als Belohnung für eine besonders anstrengende Etappe oder um zu feiern, dass man die Hälfte der Tour geschafft hat, für ein bisschen Nachtisch ist immer noch Platz im Magen.

MILCHREIS

FÜR 2 PERSONEN (GROSSE PORTIONEN)
DIE TROCKENMISCHUNG WIEGT ETWA 400 G.

Nährwerte pro Portion (bei insgesamt 2 Portionen)
Kilokalorien: 980,6 kcal | Kohlenhydrate: 144,9 g | Eiweiß: 15,2 g | Fett: 35,9 g

Zeitbedarf:

40 Minuten
24–40 Stunden dörren
10 Minuten kochen (unterwegs)

Zutaten:

200 g Milchreis
200 g Kirschen (alternativ etwa 25 g getr. Kirschen oder Beeren)
50 g Kokosflocken
60 g Kokosmilchpulver (aus dem Asialaden)
25 g getr. Cranberrys
5 EL Zucker
1 TL Zimt

Vor der Tour:

1. Milchreis mit 1 l Wasser etwa 30 Minuten lang gar kochen und anschließend abkühlen lassen. Drei Gitter des Dörrgeräts mit Backpapier oder -folie auslegen und den Milchreis gleichmäßig möglichst dünn darauf verteilen. Kirschen waschen und entkernen, gleichmäßig auf den noch freien Gittern im Dörrgerät verteilen und dörren, bis beides völlig getrocknet ist.

2. Milchreis anschließend in kleine Stückchen zerbröseln und zusammen mit Kirschen, Kokosflocken, Kokosmilchpulver, Cranberrys, Zucker und Zimt in die gewünschte Verpackung geben. Luft- und wasserdicht verschließen.

Unterwegs:

Den Milchreis mindestens 4 Stunden vor Verzehr in den Cold-Soaking-Behälter geben und so viel Wasser hinzufügen, dass die Mischung etwa 1 cm bedeckt ist. Gut umrühren oder schütteln, damit sich das Kokosmilchpulver gut löst. Nach der Ziehzeit den Milchreis in das gewünschte Kochgefäß geben, unter Rühren aufkochen, 5–10 Minuten köcheln lassen, bis der Milchreis weich ist, dabei bei Bedarf noch etwas Wasser unterrühren, damit er nicht anbrennt.

TIPP

Der Milchreis eignet sich auch als süße Hauptspeise.

GRIESSBREI

FÜR 2 PERSONEN
DIE TROCKENMISCHUNG WIEGT ETWA 200 G.

Nährwerte pro Portion (bei insgesamt 2 Portionen)
Kilokalorien: 334,3 kcal | Kohlenhydrate: 67,6 g | Eiweiß: 13,1 g | Fett: 0,5 g

Zeitbedarf:

10 Minuten
5–10 Minuten kochen (unterwegs)

Zutaten:

100 g Weichweizengrieß
50 g Milchpulver (alternativ Hafermilchpulver)
40 g Zucker
½ TL Zimt
40 g Konfitüre oder Pflaumenmus (nach Belieben)

Vor der Tour:

Grieß, Milchpulver, Zucker und Zimt in die gewünschte Transportverpackung geben und luft- und wasserdicht verschließen. Die Konfitüre nach Belieben separat verpacken.

Unterwegs:

In einem Topf etwa 500 ml Wasser zum Kochen bringen und die Grießmischung unter ständigem Rühren einrieseln lassen. Bei niedriger Hitze einige Minuten köcheln lassen, bis ein dicklicher Brei entsteht, dabei ständig umrühren, damit der Grießbrei nicht anbrennt. Wer mag, gibt am Ende einen Klecks Konfitüre darauf.

KAKAO

FÜR 2 PERSONEN
DIE TROCKENMISCHUNG WIEGT ETWA 70 G.

Nährwerte pro Portion (bei insgesamt 2 Portionen)
Kilokalorien: 85,1 kcal | Kohlenhydrate: 15,5 g | Eiweiß: 5,1 g | Fett: 0,2 g

Zeitbedarf:

5 Minuten
5–10 Minuten kochen (unterwegs)

Zutaten:

30 g Milchpulver (alternativ Hafermilchpulver)
2 EL Kakaopulver
3 TL Zucker
½ TL Zimt

Vor der Tour:

Alle Zutaten in die gewünschte Verpackung geben und luft- und wasserdicht verschließen.

Unterwegs:

Etwa 500 ml Wasser in einen Topf geben. 6 EL Wasser davon in einem Becher mit der Kakaomischung glatt rühren. Das Wasser im Topf zum Kochen bringen, die Kakaomischung hinzugeben und kurz köcheln lassen. Auf zwei Becher verteilen.

TIPP

Nach Belieben einen Schuss Rum aus dem Flachmann hinzugeben.

WARMER VANILLEPUDDING

FÜR 2 PERSONEN
DIE TROCKENMISCHUNG WIEGT ETWA 90 G.

Nährwerte pro Portion (bei insgesamt 2 Portionen)
Kilokalorien: 216,5 kcal | Kohlenhydrate: 30,2 g | Eiweiß: 2,6 g | Fett: 9,5 g

Zeitbedarf:

5 Minuten
10–15 Minuten kochen (unterwegs)

Zutaten:

30 g Kokosmilchpulver (aus dem Asialaden)
½ Pck. Vanillepuddingpulver (20 g)
40 g Zucker
2 EL Konfitüre (nach Belieben)

Vor der Tour:

Kokosmilchpulver, Vanillepuddingpulver und Zucker gründlich vermischen und in die gewünschte Verpackung füllen, luft- und wasserdicht verschließen. Die Konfitüre nach Belieben separat verpacken.

Unterwegs:

Etwa 250 ml Wasser in einen Topf geben. 3 EL davon in einem Becher mit der Puddingmischung glatt rühren. Darauf achten, dass sich keine Klumpen bilden. Das Wasser im Topf zum Kochen bringen, den Topf kurz von der Hitzequelle nehmen und die Vanillepudding-Masse unterrühren. Noch einmal unter ständigem Rühren kurz aufkochen lassen. Nach Belieben mit etwas Konfitüre garnieren.

SNACKS

Für den kleinen Hunger zwischendurch, um sich bei Laune zu halten und konzentriert zu bleiben. Snacks sind wichtig und helfen, die Ernährung auf Tour abwechslungsreicher zu gestalten.

SALZIGER NUSS-OLIVEN-MIX

DIE TROCKENMISCHUNG WIEGT ETWA 280 G.

Nährwerte des Nuss-Oliven-Mixes
Kilokalorien: 1693 kcal | Kohlenhydrate: 13 g | Eiweiß: 21 g | Fett: 167 g

Zeitbedarf:

15 Minuten
12–24 Stunden dörren
15 Minuten backen

Zutaten:

- 1 Glas grüne Oliven in Salzlake (ohne Stein, Abtropfgewicht 160 g)
- 1 EL Kokosöl
- 1 TL Sojasoße
- 1 TL Tandoori-Masala-Gewürzmischung (aus dem Asialaden)
- 200 g gemischte Nüsse
- ½ TL Salz

1. Oliven durch ein Sieb abgießen, in Ringe schneiden und im Dörrgerät dörren. Wenn die Olivenringe fertig gedörrt sind, den Ofen auf 220 °C (200 °C Umluft) vorheizen. Ein Backblech mit Backpapier oder -folie vorbereiten.

2. Kokosöl schmelzen, mit Sojasoße und Tandoori-Masala-Gewürzmischung verrühren. Die gedörrten Olivenringe und die Nüsse in eine Schale geben, die Ölmischung darüber gießen und gründlich umrühren, sodass die Nüsse gleichmäßig mit der Marinade ummantelt sind.

3. Die Nüsse auf dem Backblech gleichmäßig verteilen und mit Salz bestreuen. Etwa 15 Minuten im Ofen rösten lassen. Wenn die Nüsse gleichmäßig gebräunt sind, aus dem Ofen nehmen und abkühlen lassen. In einen luftdichten Behälter geben und gut verschließen. Die Mischung ist mindestens 2 Wochen haltbar.

SÜSS-SALZIGE NUSSMISCHUNG

DIE TROCKENMISCHUNG WIEGT ETWA 240 G.

Nährwerte der süß-salzigen Nussmischung
Kilokalorien: 1674 kcal | Kohlenhydrate: 46 g | Eiweiß: 19 g | Fett: 153 g

Zeitbedarf:

10 Minuten
15–20 Minuten backen

Zutaten:

30 g Ahornsirup
10 g Zucker
200 g gemischte Nüsse
1 EL Sonnenblumenöl
1 TL Meersalz

1. Ofen auf etwa 220 °C (200 °C Umluft) vorheizen. Ein Backblech mit Backpapier oder -folie auslegen.

2. Ahornsirup in einem Topf erwärmen, den Zucker hinzufügen und darin auflösen. Nüsse in eine Schüssel geben und die Sirup-Zucker-Mischung darüber verteilen, Öl und Salz hinzugeben und alles gut umrühren, sodass die Nüsse vollständig bedeckt sind.

Die Nüsse auf dem Backblech verteilen. Im Ofen etwa 15–20 Minuten rösten, dabei alle 5 Minuten wenden, damit sie gleichmäßig braun werden. Aus dem Ofen nehmen und abkühlen lassen. Luft- und wasserdicht verpacken. Luftdicht verpackt ist die Mischung mindestens 4 Wochen haltbar.

ROTES FRUIT-JERKY

ERGIBT ETWA 66 G FRUIT-JERKY

Nährwerte des roten Fruit-Jerkys
Kilokalorien: 234 kcal | Kohlenhydrate: 42 g | Eiweiß: 3 g | Fett: 2 g

Zeitbedarf:

10 Minuten
24 Stunden dörren

Zutaten:

150 g Blaubeeren
150 g Himbeeren
100 g Apfel (etwa 1 Apfel)

1. Beeren waschen, verlesen und vorsichtig trocken tupfen. Apfel waschen, Kerngehäuse entfernen und in kleine Stücke schneiden. Beeren und Apfel in einem hohen Behälter sorgfältig pürieren, sodass ein homogener Fruchtbrei entsteht.

2. Zwei Bogen Backpapier auf Größe der Dörrgitter zuschneiden, sodass an den äußeren Rändern ein kleiner Überstand ist. Wenn die Gitter in der Mitte ein Loch haben, auch das Loch aus dem Backpapier ausschneiden. Die Gitter mit den Backpapier-Zuschnitten auslegen, den überschüssigen Rand etwas in den äußeren Rand der Gitter drücken, sodass das Papier dort einen kleinen Knick nach oben bildet.

3. Den Fruchtbrei gleichmäßig etwa 5 mm hoch auf den ausgelegten Gittern verteilen. Anschließend dörren, bis der Brei ausgetrocknet ist und eine ledrige Konsistenz angenommen hat. Nun kann die Masse vorsichtig vom Backpapier gelöst und in Streifen geschnitten werden. Luft- und wasserdicht verpackt hält das Fruit-Jerky etwa 4 Wochen.

TIPP

Für alle, die es noch nachhaltiger mögen: Natürlich lässt sich auch Backfolie auf die Größe der Dörrgitter zuschneiden. Wer 1 bis 2 Zuschnitte macht, kann diese immer wieder verwenden.

GELBES FRUIT-JERKY

ERGIBT ETWA 67 G FRUIT-JERKY

Nährwerte des gelben Fruit-Jerkys
Kilokalorien: 243 kcal | Kohlenhydrate: 50 g | Eiweiß: 2 g | Fett: 1 g

Zeitbedarf:

10 Minuten
24 Stunden dörren

Zutaten:

150 g Birne (etwa 1 große Birne)
150 g Apfel (etwa 1 großer Apfel)
100 g Kiwi (etwa 1–2 Kiwis)

TIPP

Statt das Fruit-Jerky in Streifen zu schneiden, kann man auch Keks-Ausstechformen auf das mit Backpapier aufgelegte Gitter legen, die Masse hineinfüllen und darin dörren.

1. Birne und Apfel waschen und Kerngehäuse entfernen, Kiwi schälen. Alles in kleine Stücke schneiden und in einem hohen Gefäß sorgfältig pürieren, sodass der Brei keine Stückchen mehr enthält.

2. Zwei Bogen Backpapier auf Größe der Dörrgitter zuschneiden, sodass an den äußeren Rändern ein kleiner Überstand ist. Wenn die Gitter in der Mitte ein Loch haben, auch das Loch aus dem Backpapier ausschneiden. Die Gitter mit den Backpapier-Zuschnitten auslegen, den überschüssigen Rand etwas in den äußeren Rand der Gitter drücken, sodass das Papier dort einen kleinen Knick nach oben bildet.

3. Den Brei gleichmäßig etwa 5 mm hoch darauf verteilen. Nun so lange dörren, bis der Brei völlig ausgetrocknet ist und eine ledrige Konsistenz angenommen hat. Nun kann die Masse vorsichtig vom Backpapier gelöst und in Streifen geschnitten werden. Luft- und wasserdicht verpackt hält das Fruit-Jerky etwa 4 Wochen.

TOMATEN-JERKY

ERGIBT ETWA 68 G TOMATEN-JERKY

Nährwerte des Tomaten-Jerkys
Kilokalorien: 272 kcal | Kohlenhydrate: 56 g | Eiweiß: 10 g | Fett: 1 g

Zeitbedarf:

20 Minuten
24–40 Stunden dörren

Zutaten:

800 g passierte Tomaten
1 TL Salz
1 TL Pfeffer
½ TL Rosmarin
½ TL Oregano
1 Prise Chilipulver
½ TL edelsüßes Paprikapulver
1 TL Sojasoße (nach Belieben)
½ TL Liquid Smoke (nach Belieben, aus dem gut sortierten Asialaden oder Bio-Supermarkt)

1. Die passierten Tomaten in eine Schüssel geben. Gewürze sowie nach Belieben Sojasoße und Liquid Smoke dazugeben und gut verrühren.
2. Zwei Gitter des Dörrgeräts mit Backpapier auslegen, sodass das Backpapier an den Rändern etwas hochsteht. Die Tomatenmasse gleichmäßig etwa 7 mm dick auf den Gittern verteilen. Nun im Dörrgerät dörren, bis die Masse vollständig getrocknet ist.
3. Danach vorsichtig vom Backpapier lösen. Luft- und wasserdicht verpackt hält sich das Tomaten-Jerky etwa 4 Wochen.

TIPP

Tomaten-Jerky ist etwas krosser als Fruit-Jerky und bricht leichter, deswegen sollte es am besten in einer stabilen Verpackung transportiert werden. Tomaten-Jerky schmeckt sehr tomatig-salzig und ist somit eine schöne Abwechslung zu anderen Snacks, ist allerdings nicht jedermanns Sache. Wem der Geschmack zu intensiv ist, sollte eher bei Fruit-Jerky bleiben.

RIEGEL

Unterwegs sind Riegel einer der besten Snacks, um die Energiereserven schnell wieder zu füllen. Aber nach ein paar Tagen auf der Tour hängen vielen Sportler*innen die zuckrigen Snacks häufig zum Hals raus, und die Sehnsucht nach einer herzhaften Scheibe Brot wächst. Die Riegelrezepte in diesem Buch sollen Abhilfe schaffen und die Möglichkeit eröffnen, auch herzhafte, energiereiche und gesunde Snacks auf die Tour mitzunehmen. Aber natürlich kommen auch süße Riegel in diesem Kapitel nicht zu kurz. Selbst gemachte Riegel sind nicht ganz so lange haltbar wie industriell hergestellte, man sollte sie also möglichst kurz vor der Tour zubereiten. Werden die Riegel nach dem Backen noch einmal gedörrt, verlieren sie ihre Restfeuchtigkeit und gewinnen an Haltbarkeit. Außerdem sollten sie möglichst schnell, nachdem sie abgekühlt sind, sorgfältig verpackt werden. Zum einen, um sie vor Feuchtigkeit, Schimmel und Ungeziefer (wie Motten oder Maden) zu schützen, zum anderen, um sie möglichst heil zu transportieren.

TOMATEN-OLIVEN-RIEGEL

ERGIBT 10–12 RIEGEL
PRO RIEGEL ETWA 70 G

Nährwerte pro Riegel (bei insgesamt 10 Stück)
Kilokalorien: 336,0 kcal | Kohlenhydrate: 14,7 g | Eiweiß: 12,9 g | Fett: 23,6 g

Zeitbedarf:

30 Minuten
12 Stunden quellen
1 Stunde backen
12 Stunden dörren

Zutaten:

300 g Cherrytomaten
1 Glas in Wasser eingelegte schwarze Oliven (ohne Stein, Abtropfgewicht 160 g)
50 g Parmesan (am Stück)
190 g Sonnenblumenkerne
150 g zarte Haferflocken
100 g geschrotete Leinsamen
50 g Kürbiskerne
3 TL Hefeflocken
1 TL Salz
1 TL getr. Rosmarin
½ TL getr. Oregano
½ TL getr. Thymian
3 EL Kokosöl

1. Cherrytomaten waschen, halbieren und im Dörrgerät verteilen. Oliven in ein Sieb abgießen und ebenfalls im Dörrgerät verteilen. Beides dörren, bis alle Feuchtigkeit entwichen ist. Die getrockneten Tomaten anschließend in grobe Stücke hacken. Parmesan grob raspeln und auf einem mit Backpapier ausgelegten Gitter des Dörrgeräts dörren. (Auch wenn er bereits fertig gedörrt ist, glänzt der Parmesan wegen des austretenden Fettes. Durch das Dörren wird er merklich härter. Um festzustellen, ob der Parmesan fertig gedörrt ist, einfach eine Raspel durchbrechen.)

2. Sonnenblumenkerne, Haferflocken, Leinsamen, Kürbiskerne, Hefeflocken, Salz, getrocknete Tomaten und Oliven in einer großen Schale vermischen. Die Kräuter und den getrockneten Parmesan hinzugeben. Das Kokosöl in 400 ml lauwarmem Wasser auflösen und über die Körner-Mischung geben, alles gründlich vermischen. Mindestens 12 Stunden, am besten über Nacht, quellen lassen.

3. Den Backofen auf 220 °C (200 °C Umluft) vorheizen. Eine etwa 30 × 40 cm große Backform mit Backpapier auslegen. Die Mischung gleichmäßig etwa 1 ½–2 cm dick darin verteilen und sorgfältig mit den Händen oder einem Löffel in die Form drücken. Etwa 40 Minuten backen. Dabei ab und zu kontrollieren, dass die Masse nicht zu dunkel wird, sonst mit einem Esslöffel etwas Wasser darauf verteilen. Aus dem Ofen nehmen, kurz abkühlen lassen und in 10–12 Riegel (etwa 4 × 15 cm) schneiden. Die Riegel umdrehen, mit etwas Abstand auf ein Backblech legen und noch einmal bei 220 °C (200 °C Umluft) etwa 20 Minuten backen. Die Riegel anschließend im Dörrgerät dörren, bis sie vollständig getrocknet sind, und abkühlen lassen. Die Riegel unmittelbar danach luftdicht verpacken.

TIPP

Die Riegel können pur gegessen werden oder auch mit einer Scheibe geräucherter Salami oder Trockenfleisch wie Brot belegt werden.

KOKOS-CRANBERRY-RIEGEL

ERGIBT 10–12 RIEGEL
PRO RIEGEL ETWA 70 G

Nährwerte pro Riegel (bei insgesamt 10 Stück)
Kilokalorien: 558,4 kcal | Kohlenhydrate: 61,7 g | Eiweiß: 4,5 g | Fett: 30,9 g

Zeitbedarf:

40 Minuten
4–6 Stunden quellen
50 Minuten backen
5–6 Stunden dörren

Zutaten:

Teig:

200 g Kokosraspel
200 g zarte Haferflocken
100 g Cranberrys
1 Prise Salz
100 ml Kokosöl
200 ml Ahornsirup (alternativ Honig)

Frosting:

2 EL Margarine (alternativ Butter)
2 EL Ahornsirup (alternativ Zuckerrübensirup)
200 g Puderzucker
100 g Kokosraspel

1. Kokosraspel, Haferflocken, Cranberrys und Salz in einer großen Schüssel vermischen. Kokosöl in 200 ml warmem Wasser auflösen und zusammen mit dem Ahornsirup über die Haferflocken-Kokos-Mischung geben. Alles sorgfältig vermengen und 4–6 Stunden quellen lassen.

2. Backofen auf 220 °C (200 °C Umluft) vorheizen. Eine etwa 30 × 40 cm große Backform mit Backpapier auslegen, die Masse gleichmäßig 1 ½–2 cm dick darin verteilen und mit den Händen oder einem Löffel gut andrücken. Etwa 30 Minuten backen, dabei hin und wieder den Ofen kurz öffnen, damit die Feuchtigkeit entweichen kann. Aus dem Ofen nehmen, in 10–12 Riegel (etwa 4 × 15 cm) schneiden, umdrehen und mit etwas Abstand auf einem mit Backpapier ausgelegten Backblech verteilen. Nochmals etwa 20 Minuten backen. Dabei auch wieder ab und zu den Ofen kurz öffnen. Die Riegel anschließend im Dörrgerät verteilen und für einige Stunden dörren.

3. In der Zwischenzeit Margarine, Ahornsirup und 1 EL Wasser in einem kleinen Topf bei niedriger Hitze unter Rühren erwärmen, bis eine cremige Masse entsteht. Vom Herd nehmen und Puderzucker und Kokosraspel gleichmäßig unterrühren, sodass eine homogene Masse entsteht. Die gedörrten Riegel nun zügig mit der Masse bestreichen und erhärten lassen. Kompakt verpacken, damit sie nicht zu sehr zerbröseln. Die Riegel halten sich ungedörrt 2–3 Wochen, gedörrt etwa 3–4 Wochen.

ZUCCHINI-MÖHREN-RIEGEL

ERGIBT 10–12 RIEGEL
PRO RIEGEL ETWA 65 G

Nährwerte pro Riegel (bei insgesamt 10 Stück)
Kilokalorien: 330,6 kcal | Kohlenhydrate: 15,4 g | Eiweiß: 12,0 g | Fett: 23,4 g

Zeitbedarf:
30 Minuten
12 Stunden quellen
1 Stunde backen
12–24 Stunden dörren

Zutaten:
150 g Zucchini
150 g Karotten
150 g Sonnenblumenkerne
150 g zarte Haferflocken
50 g Leinsamen
50 g Haselnüsse
50 g Walnüsse
50 g Paranüsse
50 g Cashewkerne
1 TL Salz
1 TL Pfeffer
1 EL Kurkuma
3 EL Kokosöl
je 25 g schwarzer und weißer Sesam

1. Zucchini und Karotten waschen, putzen und grob raspeln. Auf die mit Backpapier ausgelegten Dörrgitter verteilen und dörren, bis das Gemüse vollständig ausgetrocknet ist. Sonnenblumenkerne, Haferflocken und Leinsamen im Mixer oder mit dem Pürierstab fein mahlen und in eine große Schüssel geben. Nüsse und Cashewkerne fein hacken und zu der Mischung geben. Zucchini- und Karottenraspel ebenfalls dazugeben und alles sorgfältig vermengen. Salz, Pfeffer und Kurkuma hinzugeben. Kokosöl in 400 ml warmem Wasser auflösen, zu den anderen Zutaten geben, alles vermischen und 12 Stunden, am besten über Nacht, zugedeckt quellen lassen.

2. Den Backofen auf 220 °C (200 °C Umluft) vorheizen. Eine etwa 30 × 40 cm große Backform mit Backpapier auslegen. Die gequollene Masse etwa 1 ½ –2 cm dick darin verteilen. Die Masse mit den Händen oder einem Löffel gut andrücken. Schwarzen und weißen Sesam vermischen und die Masse damit bestreuen. Etwa 40 Minuten backen, dabei ab und zu den Ofen kurz öffnen, damit die Feuchtigkeit entweichen kann, und kontrollieren, dass die Oberfläche nicht zu dunkel wird, sonst etwas Wasser darauf verteilen. Die gebackene Masse aus dem Ofen nehmen, in 10–12 Riegel (etwa 4 × 15 cm) schneiden und kurz abkühlen lassen. Die Riegel umdrehen, mit etwas Abstand auf ein Backblech legen und noch einmal bei 220 °C (200 °C Umluft) etwa 20 Minuten backen.

3. Danach sollten die Riegel für einige Stunden gedörrt werden, damit sie sämtliche Feuchtigkeit verlieren. Durch das erneute Backen und Dörren werden die Riegel haltbarer (mindestens 2–3 Wochen). Werden sie nicht erneut gebacken oder gedörrt, sind sie zwar saftiger, halten sich aber nur etwa halb so lange. Die Riegel vollständig abkühlen lassen und sicher und luftdicht verpacken.

PEANUTBUTTER-BANANEN-RIEGEL

ERGIBT 10–12 RIEGEL
PRO RIEGEL ETWA 80 G

Nährwerte pro Riegel (bei insgesamt 10 Stück)
Kilokalorien: 431,5 kcal | Kohlenhydrate: 57,5 g | Eiweiß: 8,1 g | Fett: 17,8 g

Zeitbedarf:

50 Minuten
4 Stunden quellen
50 Minuten backen
5–6 Stunden dörren

Zutaten:

Teig:
400 g zarte Haferflocken
2 reife Bananen
75 g Kokosöl
3 EL Erdnussbutter (crunchy)
150 g Zuckerrübensirup

Topping:
200 g dunkle Schokolade
50 g Bananenchips

1. Haferflocken in eine große Schüssel geben. Bananen schälen und mit einer Gabel zerdrücken. 150 ml Wasser in einem Topf erwärmen (nicht kochen), Kokosöl, Erdnussbutter und Zuckerrübensirup hinzugeben und alles verrühren, bis eine homogene Masse entsteht. Über die Haferflocken gießen, die Bananen hinzugeben und alles gründlich verrühren. Etwa 4 Stunden abgedeckt quellen lassen.

2. Den Backofen auf 220 °C (200 °C Umluft) vorheizen. Eine etwa 30 × 40 cm große Backform mit Backpapier auslegen oder gründlich fetten. Die Masse in der Backform etwa 1 ½ cm dick verteilen und mit den Händen oder einem Löffel etwas andrücken. Etwa 30 Minuten backen, während des Backens den Ofen ab und zu kurz öffnen, damit der Dampf entweichen kann. Aus dem Ofen holen und in 10–12 Riegel (etwa 4 × 15 cm) schneiden. Die Riegel umdrehen, mit etwas Abstand auf einem Backblech verteilen und erneut bei 220 °C (200 °C Umluft) 20 Minuten backen, den Ofen auch während dieser Backzeit zwischendurch kurz öffnen, um die Feuchtigkeit entweichen zu lassen. Aus dem Ofen holen und abkühlen lassen. Um die Riegel noch haltbarer zu machen, noch einmal einige Stunden im Dörrgerät dörren.

3. Schokolade im heißen Wasserbad schmelzen. Sobald die Schokolade vollständig geschmolzen ist, die Riegel damit überziehen. Bananenchips auf den Riegeln verteilen und leicht andrücken. Die Schokolade trocknen lassen. Die Riegel anschließend sorgfältig verpacken, damit sie nicht kaputt gehen. Gedörrt halten sie sich etwa 4 Wochen.

DATTEL-ZIMT-RIEGEL

ERGIBT 10–12 RIEGEL
PRO RIEGEL ETWA 70 G

Nährwerte pro Riegel (bei insgesamt 10 Stück)
Kilokalorien: 389,4 kcal | Kohlenhydrate: 45,0 g | Eiweiß: 6,0 g | Fett: 19,7 g

Zeitbedarf:

40–50 Minuten
4 Stunden quellen
50 Minuten backen
5–6 Stunden dörren

Zutaten:

350 g zarte Haferflocken
100 ml Kokosöl
150 g Dattelsirup
4 EL Dattelmus (aus dem Bio-Supermarkt oder türkischen Feinkostladen)
1 TL Zimt

Topping:

200 g weiße Kuvertüre

1. Haferflocken in eine große Schüssel geben. Kokosöl mit 100 ml Wasser in einem kleinen Topf erwärmen, bis das Kokosöl schmilzt. Dattelsirup, Dattelmus und Zimt hinzugeben und alles gründlich verrühren. Die Öl-Dattel-Mischung über die Haferflocken geben, gründlich vermengen und etwa 4 Stunden abgedeckt quellen lassen.

2. Den Backofen auf 220 °C (200 °C Umluft) vorheizen. Eine etwa 30 × 40 cm große Backform mit Backpapier auslegen oder gründlich fetten. Die gequollene Mischung gleichmäßig etwa 1½–2 cm dick in der Backform verteilen und mit den Händen oder einem Löffel fest andrücken. Etwa 30 Minuten backen, den Backofen zwischendurch ab und zu öffnen, damit die Feuchtigkeit entweichen kann. Aus dem Ofen nehmen und in 10–12 Riegel (etwa 4 × 15 cm) schneiden. Die Riegel kurz abkühlen lassen, umdrehen und mit etwas Abstand auf einem Backblech verteilen. Nochmal etwa 20 Minuten backen, dabei hin und wieder die Ofentür öffnen und Feuchtigkeit entweichen lassen. Anschließend im Dörrgerät einige Stunden trocknen lassen.

3. Die Kuvertüre im Wasserbad schmelzen und die Riegel damit überziehen. Kuvertüre trocknen lassen. Sobald die Riegel vollständig abgekühlt und getrocknet sind, luft- und wasserdicht verpacken. Gut verpackt sind sie 4 Wochen haltbar.

ERNÄHRUNGSPLÄNE FÜR DIE TOURENPLANUNG

Um die Ernährungsplanung für die Tour zu erleichtern, werden an dieser Stelle Ernährungspläne für die Tour an einem verlängerten Wochenende (4 Tage), für eine einwöchige Tour und für eine zweiwöchige Tour vorgeschlagen, sie können als genaue Vorlage oder zur Orientierung dienen. Die Pläne sind immer für 2 Personen konzipiert. Das Gewicht, das pro Tag für Essen anfällt, bewegt sich zwischen etwa 570–900 g pro Person und wird für jeden Tag genau angegeben. So bleibt vielleicht noch Platz für eine Tafel Lieblingsschokolade und/oder eine große Portion getrockneter Früchte.

Ernährungsplan für ein verlängertes Wochenende (4 Tage) für 2 Personen

Vorbereitungsbeginn vor der Tour: 10 bis spätestens 7 Tage

Tag	Frühstück	Riegel	Hauptmahlzeit	Snacks und Nachtisch	Gewicht und Kalorien
Tag 1	• 2 Portionen Schoko-Nuss-Müsli	• 2 Tomaten-Oliven-Riegel • 2 Kokos-Cranberry-Riegel • 2 Dattel-Zimt-Riegel	• Linseneintopf mit Kartoffeln und Kürbis	• ½ salziger Nuss-Oliven-Mix • 20 g gelbes Fruit-Jerky	• 740 g pro Person • 2523,6 Kilokalorien/Person
Tag 2	• 2 Portionen Frühstücks-couscous	• 2 Zucchini-Möhren-Riegel • 2 Tomaten-Oliven-Riegel • 2 Dattel-Zimt-Riegel	• Couscous mit Erdnusssoße	• ½ süß-salzige Nuss-mischung • Warmer Vanillepudding	• 695 g pro Person • 3097,7 • Kilokalorien/Person
Tag 3	• Frühstücks-Bannocks • 2 x süß (davon 1 x als Snack) • 1x herzhaft	• 2 Tomaten-Oliven-Riegel • 2 Dattel-Zimt-Riegel • 2 Kokos-Cranberrry-Riegel	• Risotto mit Waldpilzen	• 1 x süße Bannocks (vom Frühstück) • 20 g gelbes Fruit-Jerky	• 760 g pro Person • 2051,2 • Kilokalorien/Person
Tag 4	• 2 Portionen Schoko-Nuss-Müsli	• 2 Zucchini-Möhren-Riegel • 2 Kokos-Cranberry-Riegel • 2 Dattel-Zimt-Riegel	• Vegetarische Bolognese	• ½ süß-salzige Nuss-mischung • ½ salziger Nuss-Oliven-Mix	• 785 g pro Person • 2749,1 • Kilokalorien/Person
Insgesamt: 2980 g/Person, 10421,6 kcal/Person					

Ernährungsplan 1. Woche für 2 Personen

Vorbereitungsbeginn vor der Tour: 2–3 Wochen

Tag	Frühstück	Riegel	Hauptmahlzeit	Snacks und Nachtisch	Gewicht und Kalorien
Tag 1	• Frühstück-Bannocks • 1 x süß • 2 x herzhaft (davon 1 x als Snack)	• 2 Tomaten-Oliven-Riegel • 2 Kokos-Cranberry-Riegel • 2 Zucchini-Möhren-Riegel	• Glasnudel-suppe mit Gemüse	• Bannocks (vom Frühstück) • Milchreis	• 870 g pro Person • 3314,1 Kilokalorien/ Person
Tag 2	• 2 Portionen Apfel-Zimt-Knuspermüsli	• 2 Zucchini-Möhren-Riegel • 2 Dattel-Zimt-Riegel • 2 Kokos-Cranberry-Riegel	• Kartoffel-püree mit Pilzen und Röstzwiebeln	• ½ salziger Nuss-Oliven-Mix • 20 g rotes Fruit-Jerky	• 687 g pro Person • 2550,9 Kilokalorien/ Person
Tag 3	• 2 Portionen Schoko-Nuss-Müsli	• 2 Tomaten-Oliven-Riegel • 2 Peanut-butter-Bananen-Riegel • 2 Dattel-Zimt-Riegel	• Rotes Curry mit Blumenkohl und Brokkoli	• Grießbrei • 20 g gelbes Fruit-Jerky	• 800 g pro Person • 2554,1 Kilokalorien/ Person
Tag 4	• 2 Portionen Frühstücks-couscous	• 2 Zucchini-Möhren-Riegel • 2 Kokos-Cranberry-Riegel • 2 Peanut-butter-Bananen-Riegel	• Bohnen-Kartoffel-Suppe mit Gemüse	• ½ salziger Nuss-Oliven-Mix • 20 g Tomaten-Jerky	• 603 g pro Person • 1898,0 Kilokalorien/ Person

Tag	Frühstück	Riegel	Hauptmahlzeit	Snacks und Nachtisch	Gewicht und Kalorien
Tag 5	• 2 Portionen Chiapudding mit Nüssen und Beeren	• 2 Tomaten-Oliven-Riegel • 2 Dattel-Zimt-Riegel • 2 Kokos-Cranberry-Riegel	• Veganes Gulasch	• ½ süß-salzige Nussmischung • Kakao	• 695 g pro Person • 1901,4 Kilokalorien/Person
Tag 6	• Frühstück-Bannocks • 2 x süß (davon 1 x als Snack) • 1 x herzhaft	• 2 Zucchini-Möhren-Riegel • 2 Peanutbutter-Bananen-Riegel • 2 Tomaten-Oliven-Riegel	• Pasta mit Brokkoli-Pilz-Soße	• Bannocks (vom Frühstück) • ½ salziger Nuss-Oliven-Mix	• 860 g pro Person • 2720,0 Kilokalorien/Person
Tag 7	• 2 Portionen Früchte-Müsli mit Kernen	• 2 Tomaten-Oliven-Riegel • 2 Dattel-Zimt-Riegel • 2 Kokos-Cranberry-Riegel	• Gelbes Curry mit Kürbis und Süßkartoffel	• ½ süß-salzige Nussmischung, • 20 g gelbes Fruit-Jerky	• 724 g pro Person • 2300,7 Kilokalorien/Person
Insgesamt: 5239 g/Person, 17239,2 kcal/Person					

Erweiterung Ernährungsplan 2. Woche für 2 Personen

Vorbereitungsbeginn vor der Tour: 3–4 Wochen

Tag	Frühstück	Riegel	Hauptmahlzeit	Snacks und Nachtisch	Gewicht und Kalorien
Tag 8	• 2 Portionen Schoko-Nuss-Müsli	• 2 Tomaten-Oliven-Riegel • 2 Dattel-Zimt-Riegel • 2 Peanut-butter-Bananen-Riegel	• Kartoffel-eintopf	• ½ salziger Nuss-Oliven-Mix • 20 g rotes Fruit-Jerky	• 650 g pro Person • 2210,0 Kilokalorien/Person
Tag 9	• 2 Portionen Frühstücks-couscous	• 2 Zucchini-Möhren-Riegel • 2 Kokos-Cranberry-Riegel • 2 Dattel-Zimt-Riegel	• Risotto mit Waldpilzen	• ½ süß-salzige Nuss-mischung • 20 g gelbes Fruit-Jerky	• 605 g pro Person • 1828,3 Kilokalorien/Person
Tag 10	• 2 Portionen Chiapudding mit Nüssen und Beeren	• 2 Tomaten-Oliven-Riegel • 2 Peanut-butter-Bananen-Riegel • 2 Zucchini-Möhren-Riegel	• Vegetarische Bolognese	• ½ salziger Nuss-Oliven-Mix • 20 g rotes Fruit-Jerky	• 695 pro Person • 1830,5 Kilokalorien/Person
Tag 11	• 2 Portionen Apfel-Zimt-Knuspermüsli	• 2 Tomaten-Oliven-Riegel • 2 Kokos-Cranberry-Riegel • 2 Dattel-Zimt-Riegel	• Gemüse-Couscous	• Grießbrei • 20 g Tomaten-Jerky	• 764 g pro Person • 2747,4 Kilokalorien/Person

Tag	Frühstück	Riegel	Hauptmahlzeit	Snacks und Nachtisch	Gewicht und Kalorien
Tag 12	• 2 Portionen Früchte-Müsli mit Kernen	• 2 Zucchini-Möhren-Riegel • 2 Dattel-Zimt-Riegel • 2 Tomaten-Oliven-Riegel	• Ratatouille	• Kakao • ½ süß-salzige Nuss-mischung	• 719 g pro Person • 2137,2 Kilokalorien/ Person
Tag 13	• 2 Portionen Chiapudding mit Nüssen und Beeren	• 2 Tomaten-Oliven-Riegel • 2 Kokos-Cranberry-Riegel • 2 Peanut-butter Bananen-Riegel	• Kartoffel-Sojahack-Topf	• 20 g rotes Fruit-Jerky • ½ salziger Nuss-Oliven-Mix	• 600 g pro Person • 1682,4 Kilokalorien/ Person
Tag 14	• 2 Portionen • Frühstücks-couscous	• 2 Zucchini-Möhren-Riegel • 2 Dattel-Zimt-Riegel • 2 Peanut-butter-Bananen-Riegel	• Polenta mit Pilzen und Parmesan	• Warmer Vanillepudding • 20 g gelbes Fruit-Jerky	• 570 g pro Person • 1597,7 Kilokalorien/ Person
Insgesamt: 4603 g/Person, 14033,5 kcal/Person					

DANKSAGUNG

Mein Dank geht an Mama für das Dörrgerät, Svenja für die Inspiration, das Team von SFU Hannover, insbesondere an Ralf und Fabian von SFU Hannover, für Austausch, Tipps und Fachsimpelei. An Pallmi für deine Motivation, deine Unterstützung und die vielen spannenden Abenteuer.